W0034046

ullstein

Das Buch

Sieben Tage auf einem Spielplatz sind wie eine Komödie in sieben Akten. Denn obgleich es immer weniger Kinder gibt, wird immer mehr Tamtam um sie gemacht. Eltern sein ist heute eine Weltanschauung, in all seinen Facetten. Das fängt beim Schnuller an (Silikon oder Kautschuk?), geht bei der Frage nach der richtigen Schaufel weiter (Holz oder Plastik?) und hört bei der Ernährung (Dinkelkeks oder Fruchtriegel?) lange nicht auf. Einigkeit herrscht zwischen Eltern nur in einem: Die anderen machen es falsch!
Und so hängen sie irgendwann allesamt auf dem übervölkerten Fleckchen Spielplatz herum: die Strengen und die Faulen, die Gehetzten und die Übermüdeten, die Freiberufler und die Festangestellten, dazwischen Babysitter und Großeltern. Manche profilieren sich als unermüdliche Antreiber, die den Nachwuchs für die Schikanen der globalisierten Wirtschaft fit machen wollen. Andere buddeln selbstverloren im Sand. Wieder andere erklären dem Nachwuchs den Faraday'schen Käfig – es könnte ja ein Gewitter aufziehen. Eingekeilt zwischen den üblichen Spaßstaffagen gehen sich die Eltern damit gehörig auf die Nerven. Das macht den Spielplatz zu einem Minenfeld. Und zu einem der besten Orte, um die neue deutsche Elterngeneration zu studieren.

Die Autoren

Felix Denk studierte Geschichte an der Berliner Humboldt-Universität und Kulturjournalismus an der UdK. Heute arbeitet er als Redakteur des Berliner Stadtmagazins *zitty* und schreibt für die *Süddeutsche Zeitung*, *Tagesspiegel*, *Dummy* und *Groove*. Seine Frau Silke ist Werbetexterin, arbeitet für renommierte Agenturen wie BBH, Jung von Matt und Kolle Rebbe und betreut Kunden wie IKEA, Levi's, AXE und Nachtklubbesitzer. Sie leben mit ihren Kindern in Berlin.

Felix Denk
Silke Denk

ELTERN, DIE AUF SCHAUKELN STARREN

Von Bio-Mamas, iPhone-Papis
und anderen Spielplatz-Profis

Ullstein

Besuchen Sie uns im Internet:
www.ullstein-taschenbuch.de

Originalausgabe im Ullstein Taschenbuch
1. Auflage Februar 2015
© Ullstein Buchverlage GmbH, Berlin 2015
Umschlaggestaltung: semper smile Werbeagentur –
Jefferey Swanda
Titelabbildung: © Shutterstock/Masson (Bank);
© Shutterstock/doglikehorse (Mann)
Satz: KompetenzCenter, Mönchengladbach
Gesetzt aus der ITC Berkeley Std
Papier: Pamo Super bei Arctic Paper Mochenwangen GmbH
Druck und Bindearbeiten: GGP Media GmbH, Pößneck
Printed in Germany
ISBN 978-3-548-37542-7

Für Henry & Oskar,
ohne die wir wohl nie
auf einen Spielplatz gegangen wären.

Inhalt

Donnerstag

Freitag

Samstag

Sonntag

Intro

Es hilft nichts: Die Kinder müssen raus. In der Etagenwohnung kommt der Lagerkoller noch vor dem Mittags-
schlaf. Wer keinen Garten hat – und welcher Stadtbewoh-
ner hat schon einen? –, geht hinaus. Und zwar auf den
Spielplatz.

Der Spielplatz zählt zu den erfolgreichsten Bauformen
der Nachkriegszeit. Rund 40 000 davon sind es alleine in
Deutschland: 40 000 Mal Sandkiste, Rutsche und Schaukel, Wippe, Klettergerüst und Karussell, bisweilen auch
Schwengelpumpe, Trampolin und Tischtennisplatte. Fast
immer stehen Bänke am Rand für die Eltern bereit. Dazu
ein bisschen Grün und rundherum ein Zaun. Es soll ja
keiner türmen.

Spielplätze sind extrem normierte öffentliche Räume. Das
scheint auf das Verhalten ihrer Nutzer abzufärben. Und das
sind längst nicht nur die Kinder. Pädagogen betonen zwar
unermüdlich, wie wichtig Spielplätze für die soziale und
motorische Entwicklung der Kleinen seien. Und natürlich
lernen die hier wichtige Dinge, die sie später gut gebrauchen
können: zum Beispiel sich an der Rutsche vordrängeln,
Konkurrenten von der Schaukel wegschubsen, fremdes
Spielzeug entführen und nicht mehr zurückgeben ...

Doch Spielplätze sind eigentlich nicht, wie man meinen könnte, Orte für Kinder. Nein, sie sind von den Eltern geprägt. Ihnen sind sie ein Ort des Ausprobierens der neuen Rolle, der Selbstvergewisserung in einer neuen Lebensphase und vor allem die sandige Bühne eines niemals endenden Improvisationstheaters. Denn auf dem Spielplatz findet tagtäglich eine große Erziehungsshow statt.

Bühne frei also für die neue deutsche Elterngeneration. Es treten auf:
- die mode- und markenfixierte Bloggermum
- der allwissende und unüberhörbare Experte
- die Helikoptermutter, die von einer Panikattacke in die nächste jagt
- der Neodad, der alles macht, was man von ihm verlangt
- die dauerstillende Forenmutti
- der Kumpelpapa, der beste Buddy der Kleinen
- die kaschmirtragende Karrieremutter aus dem Dachgeschoss
- der von allem, was Kinder angeht, komplett überforderte Businessdad
- die dauermissgelaunte Guantánamo-Mutter
- der Gästelisten-Vater, der so tut, als gäbe es ein Nachtleben ohne Kinder
- die als Kind verkleidete Frag-Mutti-Mutti

In den Nebenrollen:
- der Opa, der die neue deutsche Elternwelt nicht mehr versteht

- die Oma, die von ihrer Tochter und allen anderen Müttern unbeirrt ihre eigenen Regeln aufstellt
- die unterbezahlte Babysitterin
- die von Müttern gestalkten Kita-Betreuerinnen

In noch kleineren Nebenrollen:
- die Kinder

Montag

9:30 Uhr: Die Materialschlacht

Die Forenmutti sitzt vor einer heißen Tasse Lupinienkaffee. In entkoffeiniertem Kaffee, das weiß sie genau, ist trotzdem noch Koffein, und das geht direkt in die Mumi, in die Muttermilch. Schnell schreibt sie unter ihrem Alias »Kuegelchen23« ihren Post im Forum fertig. Thema des Threads: *Meine Erfahrung mit der Hausgeburt.*

> Alle drei Hausgeburten waren einfach wunderbar. Entspannt, gemütlich, schmerzarm. In einer Krankenhausatmosphäre hätte ich total verkrampft. Da würde sich mein Muttermund gar nicht öffnen. Kleine Tipps für die HG: Ein Beutel tiefgekühlter Erbsen für das Zusammenziehen der Gebärmutter, Kaffeekompresse für den Damm und ein schönes Gefäß für die Plazenta. Das hatte meine Hebi nicht dabei. Eure Kuegelchen23

Shyla Sunshine, 3, besucht die Waldorfkita und Maralina Fee, 7, die altersgemischte Klasse der Waldorfgrundschule. Cosma Moon, 12 Monate, hat gerade die rechte Brust bekommen. Die Forenmutti summt ihr ein Mantra vor, während sie sie in der Hängematte wiegt. Der vegane Kuchen für das Kitafest ist schon fertig. Sie gibt Cosma noch die linke Brust, bindet sie im Tuch an den Körper und schnappt sich die Tasche.

Eingepackt hat sie nur das Nötigste: abgekochtes Wasser und Waschlappen, falls sich Cosma in die Stoffwindel macht, hundert Blatt Windelvlies, die Waldorf-Puppe Gugguli für Cosmas Nachmittagsschlaf, Hirsebällchen, Apfelspalten, gekochte Eier und Nüsse für sich (die Kleine snackt ja noch an der Brust), eine Glasflasche (ohne die ganzen Weichmacher) mit Mondwasser. Außerdem ein paar Kleinigkeiten zum Spielen: selbstbeklebte Joghurtbecher, Löffel, Kindertöpfe und Siebe. Außerdem packt sie Stadelmann-Pocreme, Engelwurzsalbe gegen Cosmas Schnupfen, vegane Fairtrade-Sonnencreme und Wolle-Seide-Bodys zum Wechseln ein. Mehr nicht.

Für die Dachgeschossmutti (Theresa 3, Zwillinge Charlotte und Friedrich 14 Monate) heißt morgens aus dem Haus gehen: Nach ein paar Sonnengrüßen auf der Yogamatte eine Dusche nehmen, schminken, anziehen, anschließend die spanische Nachmittagsnanny anrufen und mit ihr das Programm für die Dreijährige durchsprechen (Ballett; Mitmachmuseum; keine Süßigkeiten!). Jetzt die vom französischen Au-pair zurechtgemachten und mit Dr. Duve Babies&Kids-Sonnencreme LSF 50 eingecremten Zwillinge im Matrosenlook in den Twin-Bugaboo setzen und die große Prada-Tasche im Laderaum des Kinderwagens verstauen. Inhalt: ein Kalbsleder-Wickeletui mit Feuchttüchern, zwei Paar Wechselbodys von Petit Bateau, Pampers Active Dry Fit, Fendi-Schnuller mit Schnullerketten von Baby Dior, Thermoboxen mit dampfgegartem

Bio-Brei, salzfreie Gebäck-Flûtes zum Knabbern, Cashmere-Babysöckchen und Mützchen, zwei Burberry-Jäckchen. Außerdem verchromte Schaufeln von Manufactum, ein nostalgisches Sieb und Sandförmchen aus Metall.

Immer dieser Aufwand, denkt die Dachgeschossmutti und drückt mit frisch manikürten Fingern den goldglänzenden Fahrstuhlknopf. Sie schwebt hinunter ins Erdgeschoss, setzt die Sonnenbrille vom Haar auf die Nase und rollt Richtung Spielplatz.

»Schon wieder der Akku fast alle«, stöhnt die Bloggermum. Sie schließt das iPhone 6 ans Netz. Zum Glück hat sie noch ihr altes iPhone 5s, da ist noch Saft drin. Heute gibt es einiges zu fotografieren für ihren Mama-Lifestyle-Blog, den sie seit der Geburt von Futura, 11 Monate, betreibt. Sie holt das neue Kleid des dänischen it-Labels aus dem Schrank, das sie diese Woche posten muss. Das war der Deal, um das Kleid umsonst zu bekommen. Sie drapiert es auf dem Bett, legt einen passenden Babylook daneben, macht ein paar Fotos – und entscheidet sich um. Sie versucht es mit einer neuen Kombination. Nimmt ein anderes Kleid aus dem Schrank, legt ein stimmiges Babyoutfit daneben und macht noch ein paar Fotos.

Huch, Futura schreit. Hat sie schon wieder Hunger? Da fällt der Bloggermum ein, dass sie den Erdbeershake ausprobieren könnte, von dem sie gestern auf einem Food-Blog gelesen hat. Während Futura den Erdbeershake trinkt, macht sie ein paar Fotos, lädt es auf Instagram hoch, *#erdbeershake_yummy*, und liked auf Facebook den Food-Blog, auf dem sie ihn gefunden hat.

O nein, Futura hat gekleckert. Also noch mal neues Outfit für Mama und Kind. Und noch die passende Oversize-Bag raussuchen. Sie schaut auf die Uhr: Um 10 Uhr macht der Pop-up-Shop eines coolen Kinderlabels auf. Da will sie vor dem Spielplatz noch schnell hin – gibt ja kreischend günstige Sachen da. Außerdem ergibt sich vielleicht eine Kooperation mit ihrem Blog. Sie sucht Sandförmchen in der Farbwelt von Futura raus, heute rotweiß mit Pünktchen, genau wie Mama. Sie beklebt die Sandförmchen mit kleinen Punkten. Das werden Super-Fotos, denkt sie. Dann füllt sie Apfelschnitze in rot-weiße Plastikboxen, Leitungswasser in die Pünktchenflasche, schmiert das Baby mit Sonnencreme aus der Goodie-Bag des letzten Mum-Blogger-Treffens ein, macht ein Foto von der Tube und dem dick eingeschmierten Baby, packt noch einen Erdbeerfruchtriegel (rotes Fruchtgelee zwischen zwei weißen Oblaten) ein und schnappt sich die gepunktete Wickeltasche. Geschafft!

Die Helikoptermutter liefert um 8:45 Uhr Ole (4 Jahre) in der Elterninitiativ-Kita ab. Danach folgt sie einem engmaschigen Zeitplan, um den Besuch auf dem Spielplatz zu optimieren. Wie immer bringt sie Hanna (53 Wochen) um exakt 9:30 Uhr für 25 Minuten zum Schlafen. Während die Kleine schlummert, checkt sie den Wetterbericht (heiter, 23 Grad, Regenwahrscheinlichkeit 12 Prozent), die Ozon- und Feinstaubwerte sowie die Pollenflugvorhersage. Dann setzt sie Wasser auf, kocht Schnuller und Fläschchen ab und bereitet alles fürs Baby-Mittagessen unterwegs vor. Das macht zugegebenermaßen ein bisschen Arbeit, denn sie ernährt Hanna nach der Baby-led-weaning-Methode. Dabei bestimmt das Baby selbst, wie, wann, was und wie viel es isst. Wenn die Helikoptermutter das Essen vorbereitet, geht es daher zu wie in einer Großküche, die ein internationales Staatsbankett vorbereitet: erst schälen, raspeln, stampfen, kneten, abmessen, wiegen, hacken; dann garen, dämpfen, pürieren, dünsten, blanchieren. Für das Baby-led-weaning-Mittagessen braucht sie:

— glutenfreie Babykekse (ohne Zucker!)
— laktosefreie Reismilch
— fructosearme Bio-Reis-Crispies
— Urmöhrenbrei, Brokkoli- und Blumenkohlröschen, Paprikastreifen, Babyspargel, Kohlrabistreifen und Romanescospalten
— laktosefreie Käsestreifen
— Algencracker
— gefiltertes Wasser in Weichmacher-freier Flasche
— Lätzchen mit Ärmel

Okay, 9:55 Uhr. Sie weckt Hanna auf, wickelt sie und cremt ihren Po mit Calendula-Wundcreme ein. Das war's eigentlich schon. Jetzt kommen nur noch die Sachen, die sie eh immer macht, wenn sie mit Hanna das Haus verlässt. Sie schmiert sie mit mineralischer Sonnencreme Lichtschutzfaktor 50 ein, dann mit Wind-und-Wetter-Creme und schließlich mit Feuchtigkeitscreme. Den Bauch hat sie schon vorher mit Windsalbe gegen Blähungen eingerieben. Sie dreht die Sanduhr um und putzt Hannas ersten Zahn zwei Minuten lang mit fluorfreier Zahnpasta.

Kurzer Anruf in der Kita: »Hallo Ulrike. Ist noch genug Sojamilch da? Perfekt. Und bitte kein Rührei heute Mittag, Ole hat schon am Sonntag Ei gegessen. Sie wissen ja: Zu viel tierisches Protein kann Allergien auslösen.«

Beim Telefonieren setzt sie Hanna Sonnenhut und Sonnenbrille auf und beginnt den großen Rucksack zu packen:

- Regenhose (Baby)
- Regenjacke (Baby)
- Gummistiefel (Baby)
- Regenhose (Mama)
- Regenjacke (Mama)
- Gummistiefel (Mama)
- Kinder-Regenschirm
- Taschen-Knirps
- Matschhose
- Ersatzklamotten lang
- Ersatzklamotten kurz
- Babykini
- Lillifee-Pflaster
- Desinfektionsspray für Wunden
- Desinfektionsspray für Toiletten
- Sterilium (tötet 99,9 % der Viren bei Händen)
- Wundschutzcreme Po
- Windsalbe gegen Blähungen
- Babynasenspray
- Kochsalzwasserpipetten
- Fieberthermometer
- Fieberzäpfchen
- Mückenschutzmittel

- SOS-Gel zur Behandlung von Mückenstichen
- Mückenschutz für den Kinderwagen
- Erste-Hilfe-Booklet
- kleines Verbandsset
- mineralische Babysonnencreme Schutzfaktor 50
- Salbe gegen Sonnenbrand
- Sonnensegel für den Kinderwagen
- Zahnungskügelchen
- Arnica-Kügelchen
- acht Windeln mit verschiedenen Aufdrucken (Elmo, Giraffe, Löwe)
- Wegwerf-Wickelunterlage
- Einmalhandschuhe
- drei Packungen Feuchttücher sensitiv
- leere Plastiktüte (für die volle Windel)
- Fleckenstift
- Kinder-Taschentücher
- Impfpass-Kopien
- Kühltasche mit Kühlpads und Antibiotika
- Zeckenzange

Und natürlich (weil die Müttergruppe ja bis zum Mittags-schlaf auf dem Spielplatz bleibt):
- Ergo-Carrier-Babytrage, falls Hanna im Kinderwagen nicht einschläft
- Kuschelhase
- zwei abgekochte, keimfreie Schnuller

In ihrer Handtasche hat die Helikoptermutter ihr Notiz-buch, in dem beim Windelnwechseln Frequenz sowie

Konsistenz und Farbe des Inhalts notiert werden, ebenso die Wach- und Schlafenszeiten. Und im Kinderwagen, als Anregung zum Spielen, ein Jutebeutel mit Buddelzeug: acht mit Namen beschriftete Sandspielzeuge von Spielstabil, alle in Rot, damit man sie im Sand auch gut wiederfindet. Und schon geht's los.

Denn jeden Montag um 10 treffen sich die vier Mütter aus der Pekip-Runde. Die Kinder sind für die Nacktkrabbelstunde schon zu groß, für die Kita aber noch zu klein. Deshalb geht es raus – auf den Spielplatz.

10:15 Uhr: Mein Kind ist geiler als dein Kind

Klack. Die Helikoptermutter lässt das Schloss zuschnappen, mit dem sie den Kinderwagen an den Spielplatzzaun sperrt. Vollbepackt wie er ist, sieht er aus wie der Laster eines Speditionsunternehmens. Die Forenmutti und die aus dem Dachgeschoss sitzen schon auf einer Decke im Sand.

Egal, wie früh man kommt, der Erste ist man nie auf dem Spielplatz. Meist war schon der Pfandsammler da, der im Morgengrauen nach den leeren Bierflaschen sucht, die die Teenager am Vorabend bei der Tischtennisplatte stehen ließen. Manchmal stoppt ein Jogger und nutzt das Klettergerüst für ein paar Klimmzüge oder die Wippe für Dehnübungen.

Vormittags ist es immer ruhig. Die Kinder sind entweder in der Kita oder in der Schule. Bevor sich die

Helikoptermutter mit Hanna und dem vollgepackten Rucksack zu den anderen Pekip-Müttern setzt, scannt sie den Sand nach verschluckbaren Kleinteilen. Man weiß ja nie.

»Mensch, eure Mäuse sind ja wieder gewachsen«, sagt Kuegelchen23, während sie ihr T-Shirt hochschiebt und Cosma an die linke Brust andockt.

»Ja, Friedrich läuft seit letzter Woche endlich. Charlotte schon seit drei Wochen, aber Mädchen sind ja immer schneller«, erwidert die Dachgeschoss-Mutter, während sie Schaufel, Sieb und Förmchen für die Zwillinge aus dem Hermès-Schuhbeutel in den Sand kippt.

»Habt ihr das irgendwie gefördert? Hanna krabbelt immer noch«, fragt die Helikoptermutter und steckt ihre Tochter in eine Matschhose. »Dafür war sie schon immer total weit mit dem Lautieren. Sie spricht schon ziemlich gut, nicht, Hanna?« Die Helikoptermutter fasst mit der flachen Hand an die Baby-Stirn und prüft, ob Hanna in den letzten fünf Minuten vielleicht erhöhte Temperatur bekommen hat. Hanna brabbelt »Krrrschlummm« und krabbelt matschhosenraschelnd davon.

»Nö, das haben wir nicht gefördert. Liegt wohl in der Familie. Theresa konnte ja schon mit 14 Monaten auf einem Bein hüpfen und mit drei lesen«, antwortet die Dachge- schoss-Mutter, während sie ihren Sohn ermahnt: »Fried- rich, nicht den Sand essen!« Dann schärfer: »FFRIED- RICH – AUS!«

»Die Erstgeborenen kann man aber auch gezielter för- dern«, erklärt die Helikoptermutter. »Ole konnte mit drei Monaten klatschen, mit einem Jahr sich selbst auf der

Schaukel anschubsen und mit eineinhalb im Purzelbaum die Rutsche runter. Und da hat mir kein Au-pair, keine Nanny, keine Tagesmutter, keine Oma und kein Babysitter dabei geholfen, wie bei dir, du stinkreiche, arrogante Ziege, die eine ganze Armee an Helfern beschäftigt für Sachen, die ich alle alleine mache, weil mein Mann kein Unternehmensberater ist, so wie deiner. Und ich habe es keinen Deut schlechter gemacht als du!«

Die letzten beiden Sätze hat die Helikoptermutter natürlich wieder nicht gesagt, obwohl sie das schon lange gerne einmal getan hätte. Stattdessen observiert sie jetzt jede Bewegung von Hanna, die 123 Zentimeter entfernt im Sand sitzt und mit dem Sieb gräbt. Nicht, dass sie wieder Steinchen in den Mund nimmt.

Pekip gab es schon, da war die Debatte um den frühkindlichen Förderwahn noch längst nicht geboren. In den 60er Jahren erfunden, geht es im *Prager Eltern Kind Programm* darum, die Motorik des Kindes ganzheitlich zu fördern und die Bindung zwischen Eltern und Kinder zu stärken. Das sieht konkret so aus: Die Heizung wird im Kursraum auf Anschlag aufgedreht, die Babys werden nackt ausgezogen, und die Mütter sitzen schwitzend daneben. Dann wird gesungen, gestreichelt, gerasselt und mal ein Küsschen gegeben. Das allerdings unter fachlicher Anleitung einer ausgebildeten Gruppenleiterin und für 11 Euro die Stunde.

Mittlerweile sind Neugeborene eine umkämpfte Zielgruppe auf dem privaten Bildungssektor. Zur Auswahl stehen etwa Baby-Shiatsu, Baby-Yoga, Baby-Turnen, Baby-Schwimmen, Baby-Massage, Zwergensprache, Delfi, Pikler, Fenkid, Elba, Fabel, Babyfitness, Baby-Snoezelen und natürlich einige frühkindliche Musikangebote wie Little Music Makers oder Musiküken.

Mehr als die Kinder lernen allerdings meist die Mütter. Etwa, dass jeder neue Entwicklungsschritt der Kleinen unbedingt eine Eilmeldung wert ist, die sofort auf allen Kanälen gesendet werden muss. Denn die Konkurrenz schläft nicht. Der schon in der Schwangerschaft angelegte Hang zum Vergleichen (»Mein Kind hat sich schon längst im Bauch gedreht«) wächst sich hier zu einer kollektiven Neurose aus. Krabbeln, Sitzen, Stehen, Laufen, Sprechen. Wer kann's als Erstes? Wer versagt? Welche Mutter hat's am besten gemacht? Schon aus Selbstschutz wird da wahnsinnig übertrieben und der Alltag mit Kind gerne noch mal per Photoshop nachbearbeitet. Mütterrunden sind eine permanente Siegerehrung – inklusive Verlierer-schelte.

»Futura soll ja jetzt endlich durchschlafen«, erwähnt die Helikoptermutter beiläufig.

»O nein, die Arme«, entgegnet Kuegelchen23. »Ihre Brüste müssen ja schrecklich spannen. Ich bin total froh, dass Shyla bis zu elf Mal in der Nacht kommt und ihre Portion abtrinkt. Ich wache davon auch nie auf. Sie schläft bei mir im Bett und trinkt, wann sie will«, freut sie sich.

»Mir macht der Schlafmangel eigentlich gar nichts aus«, behauptet die Helikoptermutter.

»Meine Zwillinge machen das mit dem Schlaf auch echt gut. Ich bin eigentlich nie müde«, steuert die Dachge-schoss-Mutter bei. Die Nachtschwester, die sie seit der

Geburt der Zwillinge angestellt hat, unterschlägt sie. »Und Theresa ist ganz hin und weg wegen der Zwillinge«, ergänzt sie.

Neben ihr auf der Decke bohrt Charlotte Friedrich gerade den Finger ins Auge. Der fängt an zu weinen, was die aus dem Dachgeschoss mit einen gefauchten »Schhhhhh« beendet. »Das ist so lustig für Theresa, dass sie nicht nur ein, sondern gleich zwei Geschwister bekommen hat. Klar, am Anfang haben wir uns Sorgen gemacht, dass sie eifersüchtig sein könnte, weil sie nicht mehr so viel Aufmerksamkeit von Mama bekommt. Aber sie macht das toll. Und das mit dem Stottern bekommen wir auch noch hin.«

Endlich kommen die Bloggermum und Futura auch auf den Spielplatz. Die Helikoptermutter ist sich nicht mehr sicher, ob ihr die Müdigkeit vielleicht doch mehr zusetzt, als sie es zugeben möchte. Tragen die beiden wirklich das gleiche Pünktchenkleid, oder ist das eine optische Täuschung?

»O Gott, Hanna krabbelt alleine auf die Rutschen-Leiter. Da kann man böse hinfallen. HANNA! STOPP! HANNA!«, schreit die Helikoptermutter und rennt Hanna hinterher. Manchmal würde sie ja gerne sitzen bleiben, aber dafür lauern auf dem Spielplatz einfach zu viele Gefahren. Angefangen von den Bakterien im Sand, die Viren der anderen Kinder, die steile Rutsche, die Strangulationsgefahren am Klettergerüst. Die anderen Mütter sitzen träge wie Vollkornteig im Sand und quatschen nur. Die machen es sich leicht. Aber das merkt man auch. Cosma zum Beispiel, die müsste doch schon längst krabbeln können. Aber dazu kommt sie ja nicht, weil sie entweder im Tragetuch festgeschnallt nichts von der Welt sieht oder mal wieder am Busen hängt, während sich ihre Mutter lieber auf Staatskosten mit anderen unterhält. Na ja, muss ja jeder selbst wissen, wie er's anstellt … Sie zieht Hanna an den ausgestreckten Ärmchen über den Sand und hofft, dass das ihre Lauflernentwicklung nach vorne bringt.

»Was mich viel mehr nervt, ist, dass Cosma immer alle so hübsch finden«, sagt Kuegelchen23. »Ja, klar, sie hat langes, dickes Haar, große Kulleraugen, lange Wimpern und lächelt immer. Aber das ist doch total das Püppchen- schema. Nie kann ich mal zum Bäcker gehen oder eine Straße lang, ohne dass mir jemand ins Tragetuch glotzt und mir sagt, wie wunderschön mein Kind ist.« Sie zieht Cosma vom Plastikspielzeug der anderen weg.

»Ja, das stelle ich mir echt anstrengend vor«, murmelt die Bloggermum, mühevoll ihre Missgunst verbergend. Sie streichelt über die weiche Babyglatze von Futura. Vermutlich hatte Mutter Natur einen Kater, als sie über Futuras Haarpracht entschied, denkt sie. Ein Jammer – all die schönen Frisuren, die sie hätte machen können. Und all die schönen Haarspangen. Für ihre Schönheit direkt wurde Futura jetzt leider noch nicht gelobt. Für ihre Kleidung hingegen schon. Erst gestern hatte das Colourblocking-Outfit wieder 62 Likes und 12 Kommen- tare.

»Hanna, so langsam müssen wir aber mal in den Schat- ten.« Die Helikoptermutter drückt mit dem Finger auf die Haut ihrer Kleinen. Nicht, dass sie einen Sonnenbrand bekommt. Je länger die Haut weiß bleibt, desto schlimmer der Sonnenbrand. Sieht aber gut aus – weiter also mit den Lauflernübungen. Hanna könnte immerhin noch die zweitschnellste Ex-Pekiplerin werden, die laufen kann. Vielleicht lernt das Baby es schneller, wenn sie entsprechende Anreize bekommt. Dazu hat die Mutter das Lieblingskuscheltier auf die Wippe gesetzt.

»Hanna, schau, da ist der Kuschelsaurus. Komm, wir spazieren mal hin.« Wieder zieht die Helikoptermutter ihre Kleine an den Ärmchen durch den Sand. »Schau mal. Das ist eine Wippe, die funktioniert mit Schwerkraft. Da können sich zwei Personen auf das waagrecht angebrachte Brett setzen, und wenn die Personen unterschiedlich schwer sind, greift das Hebelgesetz.«

Hanna lässt sich in den Sand fallen und brabbelt: »HHHHHRRRRRRRSCHSCHM.«

»Genau. HE-BEL-GE-SETZ. Das sind vier Silben.« Sie zeigt eine Vier mit den Fingern. »Komm, wir gehen jetzt mal zu deinen Freundinnen. Möchtest du über die Schaukel zurücklaufen oder lieber an der Rutsche vorbei?«

Hanna fängt laut an zu schreien.

»Du möchtest gar nicht laufen? Na gut, dann trag ich dich.«

Hanna windet sich wie ein Fisch auf dem Trockenen aus den Armen der Mutter und krabbelt zurück zu den anderen. Bestimmt Blähungen, denkt die Helikoptermutter.

15:30 Uhr: Die große Erziehungsshow

»Diiiiinkelkeks!«

»Ole, du musst sagen: Darf ich bitte einen Dinkelkeks haben?«

»Dinkelkeeeeeks – BITTEEEEE!«

Geht doch, denkt die Helikoptermutter, die mit einer Spielplatzbekanntschaft auf der Bank sitzt. Hanna schläft seit 17 Minuten, Ole ist aus der Kita zurück und rennt mit seinem zuckerfreien Keks davon. Sie ist zufrieden. Man muss nur konsequent sein, dann benehmen sich die Kinder schon so, wie es sich gehört. Das Kind der Bekannten könnte sich auch mal angewöhnen, »Danke« und »Bitte« zu sagen, denkt die Helikoptermutter. Ist ja eigentlich eine Selbstverständlichkeit. Der Kleine ist bereits drei Jahre alt, da muss das sitzen. Ole jedenfalls konnte das in seinem Alter schon längst.

Ein anderer Junge hat die Szene beobachtet, kommt angelaufen und schaut die Helikoptermutter mit größtmöglichen Hundeaugen an. Sie kramt noch einen Dinkelkeks aus der Box und gibt ihn dem Schnorrkind. »Meinen Kindern würde ich das nicht erlauben, einfach bei fremden Leuten was zu essen«, sagt sie zu ihrer Bekannten.

Auf dem Spielplatz wird es langsam voller. Die Kinder kommen aus der Kita und aus dem Hort, der Lärmpegel steigt, auf der Rutsche sausen die Kinder im Sekundentakt runter. Die Eltern – es sind praktisch nur Mütter – rennen ihren Kindern hinterher. Ein sonderbares Schauspiel beginnt: die große Erziehungsshow.

Bei diesem Improvisationstheater haben alle Eltern

regelmäßig ihren Auftritt – und zwar immer dann, wenn sie sich auf engem Raum mit vielen Menschen bewegen. Denn Eltern – das ist die allererste Lektion, die man lernt, wenn man Kinder bekommt – sind öffentliche Menschen. So ziemlich alles, was man tut, tut man vor Publikum. Und das ist ihnen meist nicht wohlgesonnen. Das liegt einerseits an den Kindern. Sie machen Lärm, stellen Unfug an und kennen keine Distanz. Sie sprechen jeden an und alles aus, was ihnen durch den Kopf geht. Sehen sie eine Mutter, die stillt, plärren sie: »Mama hat auch große Busen!« Sehen sie einen etwas älteren Vater, brüllen sie: »Ich hab auch einen Opa! Der schenkt mir alles, was ich will.«

Andererseits ändert sich auch das Verhalten der Mitmenschen fundamental. Auch sie kennen plötzlich keine Distanz mehr. Rollt man mit dem Kinderwagen über die Straße, stürmen die freundlicheren auf einen zu und rufen: »Oh wie süß, ein Baby! Darf ich mal sehen?« Oder sie beugen sich über das Kind und beginnen ungehemmt »Duziduz« zu gurren. Schreit das Baby, wissen alle genau den Grund und – schlimmer – guten Rat, was dagegen zu tun sei. Die nicht ganz so freundlichen – und die sind in deutschen Großstädten deutlich in der Mehrzahl – schauen grimmig und denken irgendetwas in der Art von: »O Gott, noch so ein Schreihals in der Straße, immer diese breiten Kinderwagen, die den Bürgersteig verstopfen. Und dann noch diese nervig-arroganten Scheißmuttis, die sich so grauenvoll wichtig nehmen und den ganzen Tag Latte macchiato trinken.«

Ob man also will oder nicht, mit Kindern steht man

immer im Mittelpunkt. Und das in einer Zeit des Lebens, in der man meist Kotzeflecken auf dem Pulli hat, total übermüdet ist, irgendetwas Wichtiges vergessen hat und sowieso schon wieder zu spät dran ist. Diese Form der Aufmerksamkeit macht wenig Freude. Aber sie prägt das Verhalten. Plärren die Kinder in der überfüllten Straßenbahn, schauen sich alle Mitfahrer genervt um und warten, bis die Eltern endlich einschreiten. Oft sagen Eltern dann sonderbare Sätze wie: »Maus, du musst ein bisschen Geduld haben, wir fahren noch eine Station.« Diese Information ist den Kindern herzlich egal, sie nehmen Zeit nämlich völlig anders wahr als Erwachsene. Das spielt aber auch keine Rolle, denn der Satz ist gar nicht an die Kinder adressiert, sondern an die genervten Mitfahrer in der Straßenbahn. Sie sollen wissen: Keine Panik, gleich steigen wir wieder aus. Sitzt man in einem Café und die Kinder leeren wieder mal den Zuckerstreuer auf den Tisch oder schmeißen das Besteck auf den Boden, schimpfen die meisten Eltern schon deshalb ein bisschen lauter, damit die anderen Café-Sitzer keinen Anlass haben, mit den Augen zu rollen oder vernehmlich genervt auf ihren Laptop zu hämmern.

Letztlich sind das alles Übungen für den Spielplatz. Dort stehen Eltern einem besonders tückischen Teil der Öffentlichkeit gegenüber: anderen Eltern. Zerr- und Spiegelbilder, wohin man blickt. Und das auf engem, überfülltem, dröhnend lautem Raum. Hier ist sie, die ganz große Bühne der großen Erziehungsshow.

Natürlich geht es nur vordergründig darum, die Kinder zu erziehen. In Wirklichkeit geht es um etwas anderes, was nur bedingt mit den arglosen Sprösslingen zu tun hat: Man will den anderen Eltern auf dem Spielplatz die eigenen pädagogischen Ideale vorführen. Dazu gibt es reichlich Gelegenheit. Auf dem Spielplatz muss man schließlich permanent reagieren, einschreiten, mitspielen, schlichten, trösten, erklären, loben, entscheiden, sanktionieren, erlauben, verbieten, verhandeln, schimpfen, gut zureden. Jedenfalls denken die meisten Eltern, sie müssten das tun. Wegen der anderen Eltern.

Großeinsatz in der Sandkiste. Ein Zweijähriger durchpflügt den Sand mit einem Radlader, bis Dachgeschoss-Theresa kommt. Sie setzt sich neben den Jungen, schaut ihm ein bisschen zu, dann – mit einer blitzartigen Handbewegung – greift sie nach dem roten Plastikbagger. Der Junge kann ihn gerade noch festhalten und klammert sich mit beiden Händen an ihm fest. Theresa zerrt, der Junge bricht in Tränen aus. Seine Mutter eilt herbei. Sie sagt: »Aber Justus, ich möchte, dass du dein Spielzeug teilst.« Der Junge schaut so verdutzt, dass er sogar kurz aufhört zu heulen. Er versteht die Welt nicht mehr. Warum sollte er den Bagger hergeben? Seinen Bagger! Und warum ergreift die Mutter nicht für ihn Partei? Die Mutter versucht den schluchzenden Jungen mit wortreichen moralphilosophischen Ausführungen davon zu überzeugen, dass das mit dem Teilen grundsätzlich eine gute Sache ist: »Du hast doch jetzt schon ganz lange mit dem Bagger gespielt. Lass doch mal das Mädchen damit spielen. Du bekommst den Bagger gleich zurück, versprochen. Wenn du etwas verleihst, bekommst du auch von anderen etwas geliehen. Wir haben noch andere Spielsachen dabei.«

In der großen Erziehungsshow gibt es zwei Parade-rollen. Einerseits wären da die Verständniseltern. Sie fordern von ihren Kindern für alle und alles Verständnis, selbst wenn es den eigenen Interessen zuwiderläuft. Und sie mischen sich in jeden noch so kleinen Sandkasten-konflikt ein. Man erkennt sie schon an ihrer Körperhaltung. Sie bücken sich stets zum Kind hinunter, sprechen leise und bedächtig, mit sanfter Stimme und leicht geneigtem Kopf. Und: Sie sprechen unglaublich viel. Damit wollen sie vor allem eines: demonstrieren, wie sozial, rücksichtsvoll, anteilnehmend, höflich, nett und zuvorkommend ihre Kinder sind. Schließlich sind das Werte, die sie in der Erziehung vermitteln wollen.

Dummerweise sind die allermeisten Kinder natürlich gar nicht sozial, rücksichtsvoll, anteilnehmend, höflich, nett und zuvorkommend. Sie sind eben Kinder – lustig und launisch, süß und schwierig, haben Tobsuchtsanfälle und Nervenzusammenbrüche, sonderbare Ticks und komische Wiederholungszwänge und sind deshalb vor allem eines: total unvorhersehbar. Vor allem, wenn andere Kinder ins Spiel kommen.

Ganz wichtig finden Verständniseltern das Teilen. Für ihre Kinder wiederum ist genau das eine Zumutung. Warum sollte man den Ball, den Bagger, das Buddelzeug an ein anderes Kind abgeben? Kinder empfinden so etwas geradezu als existenzielle Bedrohung. Schließlich definieren sie sich stark über Dinge. Weil das aber den Verständniseltern nicht ins postmaterielle Weltbild passt, müssen sie ihre Kleinen immerzu und für alle Anwesenden gut hörbar dazu animieren, zu teilen, Spielzeug herzugeben, gemeinsam zu spielen, danke und bitte zu sagen und eben schön alles mit Worten zu lösen und nicht einfach per Frontalangriff mit der Schippe, wenn ein anderes Kind wieder mal die ewige Frage aufwirft, wem das Spielzeug gehöre. Mit ihrem Hang, alles und jedes ausführlich zu erklären und zu begründen, behandeln sie ihre Kinder wie kleine Erwachsene. Der typische Satz, an dem man Verständniseltern erkennt, ist Kants kategorischer Imperativ in der Buddelkisten-Version: »Der Spielplatz ist für alle da.«

Die Dachgeschoss-Mutter hat die Szene in der Sandkiste erst mitbekommen, als der Kampf um den Bagger schon voll entbrannt ist. Sie stellt ihren Becher mit äthiopischem Filterkaffee ab, springt von der Bank auf, stapft mit ihren Ancleboots in den Sand und schreit für alle gut hörbar: »Theresa, gib sofort den Bagger zurück! Sonst gehen wir auf der Stelle nach Hause!« Als Disziplinfanatikerin beherzt sie die Shock-and-Awe-Strategie. Damit haben die US-Streitkräfte den letzten Irakkrieg gewonnen. Muss also etwas taugen, sofern man die Operation richtig durchführt: Kurz und entschlossen und vor allem ohne Diskussionen – dann ist die Sache schnell geregelt. Um der Botschaft die nötige Schärfe zu verleihen, setzt sie ihren allerstrengsten Eulenblick auf: die Augen aufgerissen, die Brauen zusammengezogen, den Mund gespitzt. Theresa weiß: Jetzt wird's ernst. »Es gefällt mir nicht, wenn du immer allen alles wegnimmst, junge Dame«, plärrt die Dachgeschossfrau über den Spielplatz. »Sag sofort Entschuldigung.«

Schreieltern sind die andere Paraderolle in der großen

Erziehungsshow. Sie nehmen die Kinder streng her. Dafür ist ihnen kein Anlass zu nichtig. Bei der Gelegenheit schimpfen sie andere Kinder gleich mit und manchmal sogar die anderen Eltern, wenn sie ihrer Meinung nach nicht entschieden genug einschreiten. Sie sprechen weniger, eher kann man sagen: Sie schreien. Sie bücken sich nicht zu den Kindern runter, sondern bauen sich vor ihnen auf. Die Botschaft ist klar: So nicht! Das sollen auch die anderen Eltern merken.

Den Verständniseltern ist es unangenehm, wenn sie auf Schreieltern treffen. Hat der eben wirklich so schroff »Nein« gesagt? Warum haben die so einen Kasernenhofton? Und wieso haben die ihrem Sohn gar nicht erklärt, warum man nicht in die Sandkiste pullern darf?

Allerdings sind längst nicht alle Schreieltern echte Disziplinfanatiker. Manche schimpfen die Kinder auf dem Spielplatz für Sachen, die sie zu Hause locker durchgehen lassen, weil sie denken, das gehöre sich so. Und weil es ihnen peinlich ist, wenn sich der eigene Nachwuchs unflätig aufführt. Das reibt sich mit ihrer Vorstellung von gutem Benehmen. Insofern ist das meiste Schimpfen eigentlich ein Performance-Schimpfen. Man will, dass das Kind als gut erzogen rüberkommt. Und gut erzogen heißt: Das Kind spurt. Der typische Satz von Schreieltern beginnt mit: »Wir haben doch abgemacht, dass …« oder: »Wie oft soll ich dir noch sagen, dass …«, »Ich zähl bis drei …«, »Mir gefällt nicht, wie du …«

Tatsächlich verhält sich niemand seinen Kindern auf dem Spielplatz gegenüber so, wie er es normalerweise zu Hause tun würde – wenn also niemand da ist und zuhört;

wenn man aus dem Bauch heraus und ohne äußere Kontrolle handelt. Auf dem Spielplatz dagegen steht man unter Beobachtung. Spielplätze sind die normative Hölle der Eltern. Entsprechend kennt die große Erziehungsshow keinen Anfang und kein Ende. Sie geht immer weiter, von morgens bis abends. Und sie beginnt jeden Tag aufs Neue.

17 Uhr: »Ist das Ihr Kind?«

Montag ist immer fies. Freitag natürlich auch, aber Montag ist noch fieser. Schließlich sehen die Kleinen nach einem Wochenende in Freiheit gar nicht ein, warum sie wieder in die Kita einrücken sollen. Alle Eltern wissen das, die ihre Kinder regelmäßig von der Kita abholen.

Der Neodad weiß das sowieso. Als engagierter Vater holt er Benny zweimal die Woche ab. Montags und mittwochs. Seine Frau bleibt heute mit dem Baby zu Hause.

Um 17 Uhr sind sie auf dem Spielplatz. Hier erreicht die miese Laune ihren Höhepunkt. Die Kinder sind schon durch, der Tag aber noch zu lang, um schon nach Hause zu gehen. Schreie in allen Lautstärken dringen über den Spielplatz.

Benny will zuerst zur Schaukel. Da ist wie immer Stau, weil alle Kinder, die aus der Kita kommen, zuerst schaukeln wollen. Warum zum Teufel gibt es davon eigentlich nur zwei?, fragt sich der Neodad. Benny und er müssen warten. Das ist für Dreijährige etwa so attraktiv wie Haarewaschen oder Fingernägelschneiden – eine hundsgemeine

Folter, die ihnen auch noch derart sinnlos erscheint, dass sie sie nur mit wütendem Protest über sich ergehen lassen. Für Kinder scheint Warten endlos. Für Eltern ist Warten mit Kind ein Minenfeld. Entfernt man sich von der Schaukel, kommt man vor Anbruch der Dunkelheit sicher nicht dran – da ist sich jeder selbst der Nächste. Und Nummern ziehen wie beim Amt gibt es auf dem Spielplatz nicht. Bleibt man daher stehen, flippt der Nachwuchs spätestens nach einer Minute aus, und das ist dann echte körperliche Arbeit. Einen 15 Kilo schweren Jungen bei der Stange zu halten, der einem die Arme langzieht, auf die Schultern klettern will und dann wieder Ausbruchversuche startet, entspricht locker dem Kalorienverbrauch von einer Stunde Fitnessstudio.

Wer nicht körperlich arbeiten will, muss geistig tätig werden. »Welche Tiere können fliegen?«, fragt der Neodad Benny.

Der beginnt auf einem Bein zu hüpfen und antwortet: »Du sollst sagen!«

»Na ja, Spatzen, Fledermäuse, Goldammern, Blaumeisen, Buntspechte, Nashörner …«

»Neeeee«, protestiert Benny.

Nächstes Ablenkungsmanöver: »Und wen möchtest du zu deinem Geburtstag einladen?«

Benny beginnt wieder zu überlegen, während er am Bein seines Vaters hochzuklettern versucht. »Weiß nicht.«

Ein Kind steigt von der Schaukel ab. Jetzt sind noch zwei vor ihnen. Das kann dauern. Und die Optionen, die lästige Warterei zu beschleunigen, sind ziemlich limitiert. Weil Kinder, wenn sie einmal auf der Schaukel sitzen, am liebsten nie wieder absteigen, muss der Neodad mit ein paar Tricks nachhelfen. Nachdem der Junge eine Minute geschaukelt ist, sagt der Neodad für alle gut hörbar:

»Du bist bestimmt gleich dran. Der Junge schaukelt schon ganz lange.«

Benny nörgelt, Neodad atmet fünfmal durch, der Dauerschaukler saust weiter durch die Luft. Der Neodad setzt nach:

»Ja, ich weiß, das ist schwierig, wenn man so lange warten muss, aber du kommst gleich dran.«

So eine wattig verpackte, in Wirklichkeit aber knallharte Interessenpolitik funktioniert natürlich am besten, wenn die Eltern des Dauerschauklers in Hörweite sind und man gezielt Druck aufbauen kann. Wichtig dabei ist: Höflich bleiben, Distanz wahren und sich nicht angreifbar machen. Wenn die Eltern anfangen zu diskutieren (etwa: »Er hat doch gerade erst angefangen«) oder – schlimmer noch, weil schwerer zu parieren – um Verständnis zu werben (»Wir mussten auch ganz lange warten. Genau wie Sie«), dann zieht das die quälende Prozedur nur unnötig in die Länge. Schaukelt das Kind hingegen alleine, ist ihm natürlich völlig Wurst, was andere Erwachsene sagen. Da muss man den Adressaten schon konkret ansprechen: »Hey, jetzt sind wir mal dran!«

Das macht der Neodad aber selten. Zu gefährlich. Sind die Eltern nämlich doch in Hörweite, auch wenn man sie nicht sieht, droht eine nervige Debatte. Denn nicht nur die Kinder sind montags schlecht gelaunt, auch die Eltern.

Der Dauerschaukler steigt nach zweieinhalb Stunden endlich ab. Jedenfalls kam es dem Neodad so lange vor. Die subjektiv empfundene Wartezeit, haben Psychologen entschlüsselt, steigt, wenn man nicht weiß, wie lange es dauert, bis man drankommt. Und das kann man vor der Schaukel nie sagen. Da ist alles drin, von gleich bis gar nicht. Überhaupt kann die Psychologie schlüssig begründen, warum das Schaukelwarten auf dem Spielplatz besonders nervt. Einerseits sind Großstadtbewohner ungeduldiger als Menschen auf dem Land. Sie empfinden ihr Leben als hektisch, und sich irgendwo lange anzustellen ist ihnen eine Zumutung. Umso mehr nervt es sie, wenn sie irgendwo von der Warteschlange überrascht werden. Am schlimmsten finden sie jedoch, wenn die Schlange nicht gerecht ist; wenn man beim Anstehen dauernd Angst haben muss, dass jemand, der nach einem kam, vorher drankommt. Und das macht alle Eltern, die auf Schaukeln starren, so angespannt. Es bildet sich ja nur höchst selten eine ordentliche, formschöne Schlange, die transparent und für alle nachvollziehbar macht, wer wie lange wartet und wer als Nächstes drankommt. Meist ist es eine Traube Menschen mit wuseligen Kindern, die die Schaukel belagert. Ein griesgrämiger Pulk, der jede noch so kleine Bewegung misstrauisch beobachtet. Könnte ja sein, dass sich irgendjemand irgendwie nach vorne mogeln möchte.

Immerhin sind Neodad und Sohn jetzt die vordersten in der Reihe. Nur noch ein Kind, dann sind sie dran. Der Neodad ist zuversichtlich, dass es nun schnell geht. Vor ihnen ist ein Vater mit Baby. Das kann gerade mal halbwegs aufrecht sitzen. Der Vater setzt das Baby – vier Zähne, zwölf Haare – auf die Schaukel, klemmt die Fingerchen an die Kette, an der die Schaukel hängt, und schubst es supersanft an. Die Schaukel schwingt zehn Zentimeter zurück und wieder vor. Der Vater ist außer sich:

»Fein! Ganz toll, wie du das machst. Du kannst ja schon richtig gut schaukeln.« Er kniet sich in den Sand, schaut das Baby mit weit aufgerissenen Augen an und setzt ein Starkstromlächeln auf: »Das macht dir richtig Spaß, gell?«

Mit einem leisen Quietschen bewegt sich die Schaukel zehn Zentimeter vor, zehn Zentimeter zurück. Das Baby starrt ins Nichts.

»Wie ein Vogel fliegst du durch die Luft. Hui! Hui!«

Der Vater jubelt. Der Neodad runzelt die Stirn. Könnte wohl doch noch länger dauern. Benny hängt inzwischen wie ein nasser Sack an seinem Arm und nölt irgendetwas, das vom allgemeinen Spielplatzlärm verschluckt wird.

Währenddessen holt der Vater des Babys sein Telefon aus der Tasche. »Moment, ich muss dich erst mal richtig hinsetzen.« Er hält die sich kaum noch bewegende Schaukel an, justiert den Po des Babys wieder in die Mitte der Sitzfläche und schubst noch mal supersanft an. Zehn Zentimeter vor, zehn Zentimeter zurück. »So, jetzt machen wir einen Film. Den zeigen wir dann nachher der Mama.«

Eine Spielfilmlänge später kann Benny endlich auf die Schaukel klettern. Die Menschentraube hinter ihnen füllt mittlerweile den halben Spielplatz. Kaum hat der Neodad Benny dreimal angeschubst, sagt er:

»Jetzt noch zehn Mal, dann kommen die anderen dran.«

»Neiiiiiiin!«

»Eins ...«

»Noch doller!«

»Zwei ...«

»Zehntausendmal!«

»Drei!«

Neodad spürt, wie ihm die anderen anstehenden Eltern im Nacken sitzen. Da steht die Hippiemutter, die in Foren über Stillprobleme und Tragetücher schreibt, der iPhonevater, der sonst immer nur auf der Bank sitzt und in sein Smartphone hämmert, und die Braungebrannte aus dem Dachgeschoss, die wohl gerade wieder aus dem Urlaub zurückgekommen ist. Alle sind sie wieder da. Denn alle müssen raus mit den Kindern. Jeden Tag.

Ein Typ wie der Neodad ist ein Stammgast auf dem Spielplatz. Für ihn ist dies ein Ort der väterlichen Selbstvergewisserung. Das unterscheidet ihn von einem Gutteil seiner Geschlechtsgenossen, die nur in absoluten Notfällen unter der Woche kommen und sonst ihren Dienst am Wochenende schieben. Aber Spielplatz, das gehört für ihn unbedingt dazu. Er sieht sich als neuer Vater, ja als Protagonist einer neuen Männlichkeit. Und das nicht ohne Stolz. Sein Vater war noch völlig anders, autoritärer und weniger anteilnehmend. Mussten ja dauernd arbeiten, die Väter der jungen Väter von heute. Und sie wären nie auf die Idee gekommen, die Windeln zu wechseln. Der Neodad ist da ganz anders. Natürlich tut er Windeln wechseln, Brei kochen, seine Kinder baden, ihnen abends vorsingen und sie morgens in die Kita bringen.

Er hat Elternzeit genommen, und zwar nicht nur die zwei Monate, die man für die Verlängerung des Elterngeldes auf 14 Monate braucht. Er ist sehr engagiert bei der Erziehung und denkt ziemlich viel darüber nach, was das genau heißt: Vater sein. Dass in Deutschland jährlich rund 3000 Bücher zu Erziehungsthemen erscheinen, hängt im hohen Maße mit Leuten wie ihm zusammen. Denn er versucht sie alle zu erfüllen, die verwirrend vielen und manchmal disparaten Rollen, die an die neuen Väter gestellt werden: Gefährte, Pflegeperson, Vorbild, Partner, Beschützer, Lehrer und Anleiter in moralischen Fragen, aber auch Ernährer, Koch, Best Boy und Reinigungskraft.

Die Wissenschaft hat Erstaunliches über engagierte Väter wie ihn herausgefunden. Beispielsweise, dass sie auch unter bestimmten Voraussetzungen wie Mütter Hormonschwankungen haben. Restlos aufgeklärt ist der Ursprung dieses Phänomens nicht, aber es wird vermutet, dass Botenstoffe neuronale Verknüpfungen in Gehirnbereichen stimulieren, die auch Einfluss aufs Verhalten haben. Das könnte, so eine gängige These, durch Pheromone passieren – flüchtige, über die Haut abgegebene Botenstoffe der schwangeren Frau. Eine kanadische Studie ermittelte etwa, dass Männer in Geburtsvorbereitungskursen eine Ausschüttung des weiblichen Geschlechtshormons Östrogen haben. Kurz vor der Geburt steigt dann auch noch der Prolaktin-Wert, das Hormon, das bei Frauen unter anderem für das Wachstum der Brüste zuständig ist und die Milchabgabe nach der Geburt auslöst. Sowohl Östrogen als auch Prolaktin fördern fürsorgliches Verhalten. Gleichzeitig fiel bei Männern in Geburtsvorbereitungskursen der Testosteronspiegel, der aggressives Verhalten fördert, um fast ein Drittel. In extremen Fällen kommt es zum Couvade-Syndrom, einer Parallelschwangerschaft. Der Bauch des Mannes wächst synchron zum Bauch der Mutter. Sogar Heißhunger, Verdauungsstörungen und Erbrechen können den Vater in spe peinigen.

Nicht mal nach der Geburt ist es vorbei mit den väterlichen Hormonschwankungen. Dann entsteht eine Rückkopplung: Je mehr sich der Mann ums Kind kümmert, desto mehr Hormone schüttet er aus, und desto mehr kümmert er sich um sein Kind. Jedenfalls solange er zu Hause ist. Denn nach der Elternzeit – und hier endet die Analogie zu den Müttern – arbeiten Väter im Schnitt länger im Büro als vorher.

Benny ist immer noch beleidigt, weil er nicht so lange schaukeln durfte, wie er wollte. Der Neodad weiß: Jetzt muss es schnell gehen – eine Attraktion muss her, sonst droht ein Wutanfall. Da hilft nur irgendein Ding mit Reifen. Er holt den Bagger aus dem Kinderwagen, stürzt sich in den Sand und fragt: »Wollen wir eine Sandburg bauen?«

Benny setzt sich gelangweilt daneben. Der Neodad schaufelt, gräbt, baut Türme an die Ecken der Burgmauer. Benny sieht ihm teilnahmslos zu.

Da robbt eine Zweijährige heran und lächelt wie ein Engel. Sie gehört zur Gattung der Grapscher, die man oft auf Spielplätzen trifft. Grapscher fahren immer, wenn sie ein anderes Kind sehen, ihre Arme aus und greifen nach allem, was sie fassen können. Zuerst tippt die Zweijährige

Benny auf die Nase. Der blickt halbseitwärts und ignoriert die Charmeoffensive nach Kräften. Dann kneift ihm das Mädchen in die Wange, prüft, ob die Ohren fest sitzen, und zieht schließlich an der Jacke. Benny dreht sich weg. Blitzschnell schnappt sich die Zweijährige den Bagger, den Benny kurz aus den Augen gelassen hatte. Er ist entsetzt.

»Meiiiiiner!«

Er versucht, nach dem Bagger zu greifen, aber das Grapscher-Kind zieht ihn weg. Benny schreit, als sei ihm ein echter Bagger über den Fuß gefahren.

»Spielzeug ist für alle da«, sagt der Neodad, der kurz nicht geschaut hatte. Er hatte gehofft, die Zweijährige und Benny könnten miteinander spielen – und er sich mal einen Moment, oder auch den Rest des Nachmittags, in Ruhe auf die Bank setzen.

»Das Kind …«, protestiert Benny.

»Aber ihr könnt doch zusammen spielen!«, fällt der Neodad ihm ins Wort.

»… hat mich gehauen …«

»Du bekommst ihn ja gleich zurück.«

Benny weint. Der Neodad fragt sich: Wenn Peres, Rabin und Arafat einen Nobelpreis für den Nahost-Friedensprozess bekamen, wieso dann nicht alle Eltern, die montags auf den Spielplatz gehen? Die Verhandlungen können dort kaum komplizierter gewesen sein. Und genauso erfolglos waren sie auch.

Das Mädchen dampft mit dem Bagger ab, und Neodad nimmt einen neuen Anlauf: »Rutschen?« Dass das ein Fehler war, merkt er erst fünf Minuten später.

Benny traut sich ganz alleine auf die Ritterburg. Alle 27 Stufen steigt er hinauf. Am höheren der beiden Türme startet eine steile Rutsche mit scharfer Kurve. Gar nicht schlecht für einen noch nicht mal Dreijährigen, denkt sich der Vater. Leider reicht Bennys Mut genau für diese 27 Stufen – aber nicht mehr für die Rutsche selbst. Nun steht er vor der Rinne, schaut hinunter und bewegt sich nicht von der Stelle. Die Schlange hinter Benny wird immer länger. Kinder quengeln, die ersten fangen an zu schubsen, die Eltern starren, erst besorgt, dann verärgert. Und es tut sich – nichts. Natürlich könnte Benny jetzt einfach rutschen. Er steht ganz oben, als Erster in der Schlange. Aber er traut sich nicht. Vor allem aber: Er lässt auch kein anderes Kind vorbei.

Problem. Großes Problem. Der Neodad kommt ins Schwitzen. Er mag es generell lieber, wenns harmonisch läuft. Was er hingegen gar nicht mag: diese Blicke all der anderen Eltern – abwertend, genervt, spitz wie Pfeile. Und jetzt ist er die Zielscheibe.

»Ist das Ihr Kind?«

Die aus dem Dachgeschoss, natürlich. Die meisten Eltern sind chronisch distanzlos. Wer ein Kind hat, nimmt das zum Freibrief, alle anderen zu belehren, die auch ein Kind haben. Jetzt nicht drauf eingehen, weiß Neodad, sonst kommt der ungebetene Ratschlag, der so unvermeidlich ist wie eine volle Windel am Morgen. Jetzt nicht irritieren lassen. Mit ein bisschen Glück rutscht Benny vielleicht ja doch noch.

Der Neodad ruft: »Benny – du musst rutschen!«

»Hmmm …«

Die aus dem Dachgeschoss setzt nach: »Hören Sie mal, die anderen Kinder wollen auch rutschen.«

Der Neodad ruft: »Benny, komm, ich fang dich unten auf!«

»Hmmmm …«

»Die Kinder warten schon! Bitte bitte.«

Der Neodad klingt zunehmend verzweifelt. Was würde Jesper Juul nun raten? Juul, der Fixstern in Erziehungsfragen für moderne Eltern? Er plädiert für einen kooperativen Ansatz, aber auch klare Aussagen; nicht kompliziert begründen, das verwirrt Kinder nur, aber auch nicht von oben herab.

Aber Neodad hat jetzt keine Zeit, irgendwo nachzuschlagen. Er ruft: »Ich will, dass du jetzt rutschst! Ich warte hier unten auf dich!«

Benny sendet nur noch ein leises Fiepsen aus. Er ist mit den Nerven fertig. Es hilft nichts: Der Neodad muss rauf. Unter den verächtlichen Blicken der Eltern klettert er die 27 Stufen hoch, muss den Kopf einziehen, um nicht an den Querbalken anzustoßen, muss sich an den Kindern vorbeischieben, er ist viel zu groß für das Gerüst, aber er muss da jetzt durch.

»Kann der nicht einmal sein Kind selber rutschen lassen? Es nimmt sich doch nur die Zeit, die es braucht«, sagt die Forenmutti.

»Hoffentlich bricht das Gerüst nicht zusammen. Der wiegt ja locker 85 Kilo«, fürchtet sich die Helikoptermutter.

»Wenn der Junge mal alleine unterwegs ist, wird der vor seiner eigenen Stimme erschrecken«, mutmaßt die Bloggermum.

Als der Neodad sich an den Kindern vorbeidrängelt, fangen die an zu schimpfen. Ein Mädchen weint, ein Junge kreischt: »Geh weg, du Gorilla!« Ein anderer hämmert auf seinen Rücken und plärrt: »Heee, du Furzkanone, hau ab!«

Endlich oben angekommen, setzt der Neodad den wimmernden Benny auf seinen Schoß und rutscht runter. Der quietscht vergnügt – und ruft, kaum dass sie unten sind: »Noch mal!«

Dienstag

14 Uhr: Das Porakel

Grüppchenbildung an der Bank. Ein paar Mütter stehen im Halbkreis, den Kopf gesenkt. Charlotte liegt auf der Bank, unter ihr die Wickelunterlage. Die aus dem Dachgeschoss öffnet mit schnellen Griffen die Pampers Babydry Plus. Neugierige Blicke zielen in die Windel.

»Kohlrabenschwarz. Das ist Teerstuhl«, sagt die Helikoptermutter.

»Es ist auch bisschen bläulich«, findet Kuegelchen23.

»Riecht nach Hefe«, mischt sich eine Bekannte der Helikoptermutter ein, die gerade vorbeigekommen ist und von der Kackfahne angelockt wurde. »Und nach verfaulten Eiern.«

»Das kommt bestimmt von Blutungen im oberen Magen-Darm-Bereich. Deine Maus hat eine Ösophagusvarizenblutung. Geh mal besser gleich zum Arzt. Ich kenn da einen Gastroenterologen«, rät die Helikoptermutter.

»Quatsch, die Kleine hat halt gestern eine Schale Blaubeeren verdrückt«, knurrt die aus dem Dachgeschoss. Ihre Tochter ist unleidig, und die halbe Spielplatzbelegschaft sucht die Erklärung dafür in der Windel.

Kuegelchen23 hebt die Augenbraue: »Ach, habt ihr jetzt schon mit Beikost angefangen?«

Mit Kacke haben Eltern dauernd zu tun. Besonders häufig dann, wenn die Kinder in der analen Phase sind, also im Alter zwischen zwei und drei Jahren. Freud hat das einst so beschrieben: Nach der oralen Phase kommt eine Periode, in der die Ausscheidungsfunktionen und die Handhabung des Körpers und seiner Muskeln im Mittelpunkt der Erlebnisweisen des Kindes steht. In seiner Psychoanalyse nimmt die anale Phase einen wichtigen Stellenwert ein. Sie ist der Anfangspunkt einer Auseinandersetzung um Macht und Kontrolle zwischen Kind und Erwachsenen. Wie weit darf das Kind die lustvolle Darmentleerung selbst bestimmen? Wie weit muss es sich den Wünschen der Eltern oder Erzieher beugen?

So weit die Theorie. In der Praxis erleben Eltern die anale Phase so: Etwa 180-mal pro Tag sagen die Kinder »Kacke«. Sie sagen aber auch etwa genauso oft »Scheiße«, »Pups«, »Pu«, »Popo«, »Furz« und bilden unermüdlich Zusammensetzungen wie etwa »Kackpapa«, »Pupsmama«, »Kackascheiß«, »Pipikack«. Besonders viel Spaß macht das mit Nahrungsmitteln: »Kackikeks«, »Kackanudeln«, »Pupswasser«, »Scheißeis«. Auch die entsprechenden Tätigkeiten werden gerne ausgesprochen: »kacken«, »einkackern«, »pupsen«. Anschließend folgt meist ein hysterischer Lachanfall, bei dem die Kleinen rot anlaufen und sich auf den Boden werfen.

Die meisten Eltern treibt das in den Wahnsinn, die nervenstärkeren lediglich zur Verzweiflung. Auf jeden Fall wird die Schamesröte im Gesicht zum treuen Begleiter auf allen Wegen. Etwa wenn sich im Supermarkt alle nach einem umdrehen, weil das Kind auf dem Weg durchs Gemüseregal »Kackamöhren«, »Pupskartoffeln« und »Scheißtomaten« plärrt.

Was Freud nicht erforscht hat – vielleicht, weil die Einwegwindel seinerzeit noch nicht erfunden war –, ist die Tatsache, dass auch Eltern eine anale Phase durchleben. Die dauert sogar meist länger als die ihrer Kinder. Zeitlich findet sie hingegen etwas früher statt: wenn die Kinder zwischen null und zwei Jahren alt sind. Dann ist der Windelinhalt das Zentrum der Welt, oder wie Freud sagen würde: der Mittelpunkt der elterlichen Erlebnisweisen. Das Porakel, das kollektive Deuten und der Versuch einer Welterklärung durch den Windelinhalt, ist ein ständig wiederkehrendes Schauspiel auf dem Spielplatz.

»Magen-Darm-Virus ist das nicht«, sagt die neu Dazugekommene. »Das riecht zwar ungefähr so, aber dann wäre der Stuhl weißlich und dünnflüssig. Wahrscheinlich würde die Maus dann auch Magenkrämpfe haben.«

»Und brechen«, weiß die Helikoptermutter. »Mein Ole bringt das immer aus der Kita mit.«

»Viel schlimmer ist eine leere Windel. Lisa hatte das mal fast zwei Wochen lang. Mein Mann wollte dann mit einer Stricknadel kommen und die Sache irgendwie beschleunigen. Da bin ich dann zum Arzt«, erzählt eine Frau, die keiner kennt, die aber zufällig daneben steht.

»Ich werde immer sehr nervös, wenn Ole bis Mittag nicht in die Windel gemacht hat.«

»Und du hast jetzt wirklich abgestillt?«, hakt Kuegelchen23 noch mal bei der aus dem Dachgeschoss nach.

»Ja, schon seit vier Wochen. Mein Mann möchte meine Brüste mal wieder für sich alleine haben.«

»Das wäre mir ja noch zu früh. Die WHO empfiehlt, dass man zwei Jahre stillen soll«, erwidert Kuegelchen23.

»Ja, aber doch nicht ohne Brei zuzufüttern? Und die WHO übernimmt auch nicht die Kosten für meine Paartherapie. Hat jemand noch ein Feuchttuch? Der Blaubeerstuhl klebt wie Uhu.«

Kinderkacke ist eine komplexe Materie, die Eltern ständig penibel kontrollieren und nach vielen Parametern analysieren. Da wäre einmal die Farbenlehre. Die ersten Windeln sind noch pechschwarz. Nach etwa einer Woche dann nehmen sie bei Stillbabys einen senfgelben Ton an – der stammt von der Muttermilch. Eine hellbraune Nougatnote hingegen bekommt der Kot, wenn das Baby mit künstlicher Säuglingsnahrung zugefüttert wird. Neonorange sagt: Hier steht Möhrenbrei auf dem Speiseplan. Spinatgrün gilt als Warnsignal: Die Ausscheidung war länger im Darm, so dass der Zersetzungsprozess schon vorangeschritten ist. Das an sich muss kein Problem sein, kann jedoch auf eine leichte Fehlverdauung hinweisen, die von Bakterien ausgelöst wird. Manchmal wird der Kot auch einfach nur dadurch grün, dass er schon länger in der Windel ist.

Die Konsistenz der Kinderkacke entwickelt sich ebenfalls stetig. Erinnert die Erstwindel in ihrer Festigkeit noch an Knete, kommt die des vollgestillten Kindes eher Ricotta nahe. Manchmal wird es luftiger und flüssiger, etwa wie Sprühsahne, und klebt dann penetrant in allen Speckröllchen des Babypopos, wo man es mit gut einer halben Packung hautverträglicher Feuchttücher (ohne Farbstoffe, Parfüm, Paraffinöl, Silikone und Alkohol!)

wieder rausputzen muss. Später geht es über Fladenartig zu den allseits bekannten Würsten. Die kommen in der Regel erst dann, wenn die Kost fest ist.

Schließlich wäre da noch der Geruch als wichtiger Parameter. Auf der olfaktorischen Ebene ist die erste Ausscheidung eine handfeste Überraschung: Sie riecht nämlich nicht. Das hat einen simplen Grund. Was Eltern kurz nach der Geburt in Babys allererster Windel entdecken, ist gar keine Kacke, sondern das sogenannte Mekonium, eine Mischung aus Haaren, Galle und toten Zellen, die sich schon vor der Geburt im Darm des Kindes gesammelt hat. In den ersten zwei Lebenstagen wird sie ausgeschieden. Danach geschieht etwas Erstaunliches: Die nun senfgelbe Kinderkacke, die das Baby oft im Stundentakt absondert, stinkt ebenfalls nicht. Manche der vom Kuschelhormon Oxytocin überfluteten Mütter sagen sogar, sie würde duften – Kornblumen oder Getreide werden häufig genannt. Vielleicht hat Mutter Natur es so eingerichtet, dass man, wenn man schon aus dem Tiefschlaf gerissen wird, wenigstens nicht mit beißendem Gestank malträtiert wird. Wirklich stinken tut der Stuhl erst, wenn die Kinder wenigstens ein paar Stunden am Stück schlafen können und wenn Fleisch auf den Speiseplan kommt – das stellt sich mehr oder weniger zeitgleich ein. Das tierische Eiweiß bereitet dem Kornblumenduft ein jähes Ende.

»Kein Wunder, dass Charlotte so unleidig ist. Die hat ja einen ganz roten Po«, sagt die Helikoptermutter und schaut besorgt. »Da darfst du nur mit Feuchttüchern ohne Öl ran. Das Öl macht bei Hanna ja direkt einen wunden Po.«

»Erzähl mir nichts. Roter Po ist Charlottes zweiter Vorname.« Die aus dem Dachgeschoss legt die schmutzigen Feuchttücher in die gebrauchte Windel, faltet sie und verschließt sie mit den Klebestreifen. »Bei uns lag das aber an der Ananas. Irgendwann will man ja wieder runter von den Schwangerschaftspfunden, und Ananas ist einfach unschlagbar in puncto Verdauungsenzyme.«

»Das A und O bei wundem Po ist die Frischluftzufuhr«, sagt die Forenmutti. »Wenn Cosmas Hintern wieder in den Pavianmodus verfällt, heizen wir das Schlafzimmer auf und lassen sie dort ganz lange nackt spielen.«

Die aus dem Dachgeschoss hat Charlotte inzwischen die frische Windel angezogen. Die Tochter schreit nicht mehr, schaut aber immer noch sehr griesgrämig drein. Die Helikoptermutter hebt Hanna hoch und hält ihre Nase an ihren Windelpo. Es knistert, als sie mit der Nasenspitze den Po berührt. Sie atmet tief ein. »Oh oh oh. Ich glaub, da muss mal wieder jemand gewickelt werden.«

15:30 Uhr: Wipp wipp, links rechts

»Maaaaama, du sollst kooooommen!«

Shyla Sunshine hat sich in den Büschen hinter den Bänken versteckt. Sie zupft Blätter von den Sträuchern, legt sie eins nach dem anderen auf einen kleinen Haufen und geht dann zum nächsten Strauch.

»Was machst du denn da?«, fragt Kuegelchen23.

»Tiere füttern. Das ist mein Bauernhof.« Shyla zeigt auf die Sträucher. Das sind die Ställe.

»Schön. Es ist nur so, dass es den Sträuchern Aua macht, wenn man ihre Blätter abreißt. Nimm bitte nur die Blätter, die schon am Boden liegen. Welche Tiere hast du denn da?«

»Ähm ... Esel, Affen, Mäuse, Elefanten, Meerschweinchen ...« Also eigentlich so ziemlich alle Tiere, die Shyla kennt. Und die müssen natürlich regelmäßig gefüttert werden. Das dauert schon mal den halben Nachmittag.

Kuegelchen23 tanzt währenddessen eine Choreografie, die sie täglich mehrmals in verschiedenen Situationen aufführt. Sie wippt elastisch mit den Beinen. Immer zweimal links, wipp wipp, zweimal rechts, wipp wipp. Auf jeder Seite dreht sie den Oberkörper jeweils um 45 Grad nach innen. Wichtig ist, dass sie diesen Rhythmus möglichst exakt beibehält. Nicht zu schnell, aber stetig, ruhig und regelmäßig. Nur so schläft Cosma ein, die sie in ihrem Tragetuch um den Bauch gewickelt hat.

Das Tuch ist genau 4,20 Meter lang, in Kreuzkörper-Bindung gewebt, so dass es elastisch in der Diagonale, aber stabil in der Längsrichtung ist. So passt es sich dem Körper des Babys an und hält es gleichzeitig gut fest. Aber es ist viel mehr als ein praktisches Accessoire, das Eltern hilft, den Alltag mit Baby zu meistern – es ist eine Weltanschauung.

Die steile Karriere des Babytragens startete in den 60er Jahren, jedenfalls in der westlichen Welt. Die amerikanische Kinderkrankenschwester Ann Moore arbeitete einige Jahre in Togo und war beeindruckt, wie dort die afrikanischen Mütter ihre Babys trugen, nämlich in Tüchern auf den Rücken gewickelt. Zurück in den USA, bekam sie selbst eine Tochter und nähte einen Rucksack so um, dass sie sie damit auf den Rücken schnallen konnte. Genau wie die Frauen in Togo eben. Nach einigen Verbesserungen ließ sie ihre Konstruktion patentieren und begann sie in Serie zu produzieren.

In Amerika herrschte damals ein ganz anderer Umgang mit den Kleinsten der Gesellschaft als heute. Gerade mal 20 Prozent der Babys bekamen Muttermilch. Fläschchen geben galt moderner als Stillen. Der Kaiserschnitt kam ab 1960 schwer in Mode, der Kinderwagen war längst Standard. Wenn ein Kind schrie, solle man es plärren lassen, bis es von alleine wieder aufhöre, empfahlen Erziehungsexperten, sonst würde es nur verhätschelt. »Cry it out« nannte man die Methode. Viele Eltern glaubten dem Satz des Psychologen John Watson: »Wenn Sie versucht sind, Ihr Kind zu liebkosen, vergessen Sie nicht, dass Mutterliebe ein gefährliches Instrument ist.«

In Deutschland sah man das kaum anders. Johanna Harrers berüchtigter Bestseller *Die deutsche Mutter und ihr erstes Kind*, erstmals erschienen 1934 und leicht entschärft bis 1987 verlegt, war nicht zimperlicher bei den Erziehungstipps. Wenig Blick- und Körperkontakt und vor allem: kein Mitleid mit unleidigen Babys, predigte das NSDAP-Mitglied. Einer der Schocker-Ratschläge für den Fall, dass das Kind nachts mal schreit, lautete: »Dann, liebe Mutter, werde hart! Fange nur ja nicht an, das Kind aus dem Bett herauszunehmen, es zu tragen, zu wiegen, zu fahren oder es auf dem Schoß zu halten, es gar zu stillen. Das Kind begreift unheimlich rasch ... – und der kleine, aber unerbittliche Haustyrann ist fertig.«

Kuegelchen23 verlangsamt den Rhythmus ihres Wipp-wipp-links-rechts-Tanzes, denn Cosma ist eingeschlafen. Jetzt verlagert sie nur noch leicht das Gewicht rhythmisch von links nach rechts, schaut kurz in das Tuch hinein, ob Cosma genug Luft bekommt, und prüft die Anhock-Spreizhaltung. Die ist wichtig. Die Beine sind hierbei um 100 Grad hochgezogen und um 40 Grad gespreizt, die Arme ausgebreitet, der Rücken rund. Das ist die natür-liche Haltung, die ein Baby einnimmt, wenn es hochge-hoben wird. So hat es ihr jedenfalls die Trageberaterin erklärt. Alles perfekt also. Ein gutes Gefühl.

»Maaaaaaaamma! Kannst du bitte anschubsen!«

Shyla hat die Tiere auf ihrem Bauernhof fertig gefüttert. Jetzt sitzt sie auf der Schaukel und zieht eine Schnute, um ihrem Anliegen Nachdruck zu verleihen. Kein Problem, denkt Kuegelchen23. Wie gut, dass sie das Tragetuch hat. Da kann sie Shyla anschubsen, während Cosma schläft. Wer braucht da noch einen Kinderwagen?

Das Tragetuch bedient in Zeiten verunsicherter Eltern, einer verwirrenden Vielzahl von Expertentipps, Ratgeber-büchern und Erziehungsgurus die Sehnsucht nach einer intuitiven Einfachheit im Umgang mit Babys. »Attach-ment Parenting« heißt dieser Trend. Die Botschaft: Hör auf dein Kind, nicht auf die Experten.

Natürlich propagiert diese Idee selbst ein Experte: Wil-liam Sears, Kinderarzt, Vater von acht Kindern, von de-nen wiederum vier selbst Kinderärzte sind, und multipler Buchautor. Das bekannteste ist der über 700-seitige Wälzer *The Baby Book*, den er zusammen mit seiner Frau Martha (auch Kinderärztin) geschrieben hat. Nebenher vertreibt er eine breite Palette an Baby-Produkten, darunter ein Tragetuch, den Dr. Sears Baby Sling.

Im Grunde empfiehlt das Attachment Parenting Dinge, die heute selbstverständlich klingen: Wichtig sei es, Babys zu stillen, Babys zu tragen, Babys zu trösten, wenn sie schreien, und – das ist weniger selbstverständlich – mit dem Baby in einem Bett schlafen. All das soll die Bindung zwischen Eltern und Kind stärken, was der zentrale Punkt beim Attachment Parenting ist; denn das soll die Kinder selbstbewusst und emotional stabil machen.

Problematisch ist allerdings der Zeitrahmen, in dem dies alles passieren soll. Etwa beim Stillen: Das Kind soll entscheiden, wann es nicht mehr die Brust mag. Oder das im Bett schlafen – auch hier sollen die Kinder erst ausziehen, wenn sie selbst nicht mehr mögen. Schließlich das Schreien. Das muss unter allen Umständen sofort unterbunden werden, da es emotionalen Stress für die Kinder bedeutet, der zu Hirnschäden führen kann, warnt Sears. Wissenschaftlich gesichert ist das zwar nicht, aber zumindest den emotionalen Stress der Eltern steigert dieses Horrorszenario ungemein. Attachment Parenting verlangt ihnen einiges an Einsatz ab. Es hat die Messlatte ziemlich hoch gelegt – vor allem für die Mütter.

Deshalb steht die ganze Idee im Kreuzfeuer der feministischen Kritik. Die sieht im Attachment Parenting die totale Aufgabe der Frau in der Mutterrolle. Angriffsflächen gibt es einige. Dr. Sears' Rat für berufstätige Mütter lautet etwa: Tragt das Kind mit zur Arbeit oder nehmt einen

Kredit auf und bleibt zu Hause. Oder die Rolle der Väter: Sie sollen vor allem die Mutter unterstützen, damit diese sich optimal ums Kind kümmern kann.

»Brrrrrääääääähhhhh!« Futura schreit, als die Bloggermum mit ihr auf den Spielplatz kommt. Sie hat ihre Tochter in einen Ergocarrier geschnallt, einer Tragehilfe, die wie ein umgedrehter Rucksack aussieht. Madonna und Giselle Bündchen verwenden ihn auch – Superstars und Supermodels, die sonst wohl kaum Zeit haben, sich um ihre Kinder zu kümmern, sondern ein Heer von Nannys beschäftigen, sich aber mit den Tragehilfen als Supermuttis inszenieren, wenn wieder einmal ein Fotograf in der Nähe ist.

Kaum ist die Bloggermum durch das quietschende Türchen des Spielplatzes getreten, beginnt sie eine Step-Touch-Schrittfolge, die man seit den ersten Aerobic-Videos von Jane Fonda kennt: Beine gerade, linker Fuß gleitet nach rechts, Tipp, linker Fuß gleitet zurück nach links, rechter Fuß gleitet nach links, Tipp, rechter Fuß gleitet zurück nach rechts. Langsam beruhigt sich Futura wieder.

»Hallo. Ich wusste gar nicht, dass du auch trägst?«, begrüßt sie Kuegelchen23.

»Ich teste den Ergocarrier gerade für meinen Blog.« Der linke Fuß wieder nach rechts, Tipp.

»Ah. Bekommt man denn mit so einer normierten Tragehilfe überhaupt die Anhock-Spreizhaltung hin?«

»Was ist das denn?«, fragt die Bloggermum, schon leicht aus der Puste.

»Das ist die natürliche Haltung, die ein Baby einnimmt,

wenn man es hochhebt. Die Beine so angewinkelt ...« –
Kuegelchen23 spreizt jetzt die Beine zur Seite, ohne die
langsam wogenden Bewegungen zu unterbrechen. »Und
die Arme zur Seite. Hat dir das deine Trageberaterin nicht
erklärt?«

»Trageberaterin? Ich hab mir ein paar Videos auf You-
Tube angeschaut, wie man das Ding hinter dem Rücken
zukriegt. Das muss doch reichen.«

Nur weil sich mittlerweile viele Eltern aufs Tragen einigen können, herrscht noch lange keine Einigkeit darüber,
wie man das genau tun soll. Zwischen Tuch- und Trage-
hilfe-Nutzern zieht sich ein tiefer Graben. Hier stehen
Fundamentalisten gegen Pragmatiker. Beide Gruppen
misstrauen einander latent, etwa wie Veganer und Vege-
tarier. Während die Tuchfans oft komplett auf einen
Kinderwagen verzichten, sehen die Nutzer der Tragehilfe
jene eher als zusätzliches Accessoire zum Kinderwagen.
Mit der Tragehilfe könne man den Kindern irreparable
Haltungsschäden zufügen (Stichwort: Rundrücken, Hüft-
dysplasie), meinen die einen. Mit dem Tragetuch, finden
die anderen, sehe man aus wie ein komischer Hippie, der
seinen Kindern nur esoterische Merkwürdigkeiten wie
Mondwasser und Energiekügelchen gibt. Vom Zinnober
mit dem Knoten mal ganz abgesehen – der sei so kompliziert und aufwendig wie ein Elterngeldantrag.

Langjährige Beziehungen drohen schon in dem Moment zu zerbrechen, wenn man das Tuch zum ersten Mal
mit Baby vor dem Bauch wickelt; es gibt nur wenige Tätigkeiten, die alberner aussehen. Dass das überlange
Tuch dauernd im Dreck hängt, wenn man im Freien die

Knotperformance aufführen muss, macht die Sache nicht besser.

Tiefer als der Graben zwischen den Tuch- und Tragehilfen-Nutzern ist aber jener zwischen den Kontinenten. In Amerika tragen viele Eltern ihre Babys mit Gesicht nach vorne. Das Baby hat dadurch die gleiche Perspektive wie die Erwachsenen, was die Intelligenz anregen und schon früh die Selbständigkeit stimulieren soll. Darauf macht der Harvard-Anthropologe Jared Diamond aufmerksam, der über den Umgang mit Kindern in traditionellen Gesellschaften auf der ganzen Welt geforscht hat. In Papua-Neuguinea etwa tragen Eltern ihre Babys immer senkrecht und nach vorne gerichtet.

Für europäische Augen sieht diese Position sonderbar aus, etwa wie ein zu hoch gerutschtes Känguru. Etwas ratlos blickt der Junior in die Welt, die er da kennenlernen soll, die Beine baumeln in der Luft, als würden sie sich wundern, wie viel Platz da noch bis zum Boden ist.

Einigkeit herrscht dagegen bei einem ganz anderen Thema, das unter dem Namen »Mumporn« bekannt ist.

»Schau mal«, sagt Kuegelchen23 augenzwinkernd, »wie süß!«

»Ohhh«, keucht die Bloggermum und schaut so versonnen, als sähe sie einen Hundewelpen. Rechter Fuß wieder nach links, Tipp.

Ein junger Vater steht neben der Ritterburg. Mit der einen Hand hilft er seiner Dreijährigen die Stufen auf den Turm hoch, mit der anderen Hand streichelt er über den Rücken seines Babys, das er vor seinen Bauch geschnallt hat. Männer mit umgeschnalltem Baby sind Blickmagneten – zumindest für Mütter. Sie sind die legitimen Nachfolger von Adam Perry, jenem englischen Dachdecker, der Ende der 80er Jahre durch ein Schwarz-Weiß-Poster weltberühmt wurde. Fünf Millionen Mal verkaufte sich das Foto, bei dem er mit nacktem Oberkörper und einer engen stonewashed Jeans ein Baby in den muskulösen Armen hält. In England wurde Perry eine Weile eine Art Popstar, der, wie er gerne erzählte, mit über 3000 Frauen Sex hatte.

Die Dreijährige ist jetzt oben auf der Ritterburg angekommen und setzt sich auf die Rutsche. Der junge Vater mit dem umgeschnallten Baby tritt mit kleinen Schritten und leicht angewinkelten Knien auf der Stelle und zieht seine Schultern im Rhythmus ein bisschen nach hinten. Es sieht aus, als müsste er ziemlich dringend aufs Klo. Und bald zum Orthopäden.

16 Uhr: Der Experte

»So wird das nichts. Gib mal her.« Der Vater in Funktionsweste nimmt dem 5-Jährigen die Schaufel und die Burgform aus der Hand. »Linus-Matthias, es ist so: Wenn du eine schöne Ritterburg bauen willst, musst du den nassen Sand nehmen. Da graben wir jetzt ein Loch, und unten ist immer der nasse Sand, damit kann man ganz toll formen.«

»Ich kann das schon«, antwortet Linus-Matthias und nimmt sich die Schaufel zurück.

»Die meisten Kinder denken, am Strand kann man die besten Burgen bauen. Aber das stimmt gar nicht. Meeressand ist viel zu fein. Damit die kleinen Bauwerke genug Halt haben, müssen die Sandkörner möglichst ungeschliffen und kantig sein. Linus-Matthias, schön tief graben, da ist der nasse Sand. Genau.« Der Vater nimmt das Mauerförmchen und befüllt es mit nassem Sand. »So, schön festklopfen und dann ganz schnell kippen, Linus-Matthias. Wusstest du eigentlich, dass Sand heutzutage Bestandteil zahlreicher Alltagsprodukte ist, häufiger als Erdöl? Wir finden Sand in Nahrungsmitteln, Kosmetika, Putzmitteln. Aber auch in elektronischen Produkten wie Computern, Handys und Kreditkarten. Wer hätte das gedacht? Oh, dir läuft ja das Näschen. Uno Momento, Linolino.«

Der Vater tastet die vielen Taschen seiner beigen Trekking-Weste ab. Ganz schön praktisch, so ein Teil. Da hat man die wichtigsten Dinge, die man für das Vatersein heute braucht, immer am Mann. In der linken Brusttasche findet er die Taschentücher im 5-er-Pocket-Format für unterwegs. Wenn er mit Einkaufen dran ist, nimmt er immer gerne die mit Ringelblumenbalsam. Der schützt empfindliche Kindernasen vorm Rotwerden. Kinderhaut ist schließlich sechs Mal dünner und empfindlicher als Erwachsenenhaut – das hat er in der *Apotheken Umschau* gelesen.

»So, Großer, deine Nase und das Taschentuch haben jetzt eine Verabredung.« Er robbt auf Knien durch den Sand und hält seinem Sohn das Balsam-Taschentuch unter die Nase. »Und jetzt schön schnäuzen. Wie ein Zug das Sekret aus der Nase rangieren. Jetzt schön Tsch-Tsch-Tsch durch die Nase machen.«

Züge findet Linus gut. Er fragt unter seinem Taschentuch: »Wie ein ICE?«

»Nein, der dampft doch nicht. Eher wie eine preußische P8. Tsch-Tsch-Tsch.«

Der Experte blüht in seiner Vaterrolle voll auf. Mit dem Kind hat er endlich jemanden, dem er etwas erklären kann. Er ist das praktische Multitool unter den Vätern. Regen, Sturm, Windpocken – nichts kann ihm etwas anhaben. Er ist der patente Fels in der Brandung des Alltags, allwissend und unverwüstlich wie harteloxierter Aluminiumstahl. Er kennt nicht nur die sieben Geheimnisse der Mondlandung, sondern auch das Rossmann-Angebot der Woche.

»Ich habe eine Idee, Linus: Wir bauen Machu Picchu nach. Das ist eine Inka-Stadt in Peru mit Türmen, Terrassen und kaskadenförmig gestaffelten Brunnenbecken.«

»Hat der Bob der Baumeister da mitgebaut?«

»Nee, Großer, das waren die Inkas.«

»Hatten die auch Waffen?«

»Ja, aus Kupfer und Bronze. Eisen war ihnen jedoch unbekannt.«

»Okay.« Linus-Matthias ist egal, wie die Burg heißt, die sie bauen. Er freut sich, dass sein Vater mit ihm spielt. Wenn seine Mutter mit ihm auf den Spielplatz geht, redet sie meist mit anderen Müttern oder häkelt am Rand sitzend bunte Socken. Oder beides gleichzeitig. Da ist ihm sein dauerredender Vater schon lieber.

»Am besten, du baust erst mal das Sonnentor und den Tempel der drei Fenster. Ich hol uns währenddessen einen Eimer Wasser für die Terrassenbeete, okay?«

Ohne eine Antwort abzuwarten, stellt sich der Experte brav zu den Kindern in die Schlange zur Schwengelpumpe. Dass er mit seinen 1,87 Metern und dem kanarienvogelgelben Kindereimer in der Hand nicht unwesentlich aus der Kindermenge heraussticht, ist ihm egal.

Da entdeckt der Experte etwas im Baum: »Kinder, schaut mal, da ist ein seltenes Grauhörnchen, ein Sciurus carolinensis. Es stammt aus Nordamerika, und Ökologen erwarten eine regelrechte Schwemme. Wer von euch weiß, was Grauhörnchen gerne so essen?«

»Nüsse, Blüten, Pflanzen«, antwortet ein Kinderprofessor mit Ellbogenschonern auf dem Pulli.

»Richtig.«

Das Leben ist so spannend. Der Spielplatz ist ein Klassenzimmer, gefüllt mit kleinen wissenshungrigen Minigeologen. Schautafeln und Overhead-Projektoren gibt es zwar nicht, aber das stört den Experten nicht. Er kann seinen Unterricht auch frei halten.

»Du da vorne. Du musst schneller pumpen. Sonst klappt das mit dem Unterdruck am Einlassventil nicht richtig. Schau mal, so.«

Der Experte übernimmt und pumpt sich in Ekstase. Die Kinder freuen sich, denn sie selbst können die Pumpe nur schwer bedienen, und Mütter haben nur selten Lust zu pumpen. So füllen sich Eimer um Eimer mit Pumpwasser, während sich auf dem T-Shirt des Experten ozeangroße Schweißflecken bilden.

Irgendwann fällt ihm das Projekt Machu Picchu wieder ein. Er pumpt den kanarienvogelgelben Eimer randvoll und bringt ihn zurück zu Linus-Matthias.

»Da bin ich wieder. Schau mal, mit dem Stewardessentrick habe ich den Eimer Wasser ohne einen Tropfen Wasser zu verschütten hierhergebracht. Der Clou dabei ist, beim Gehen nicht auf das Behältnis mit Flüssigkeit zu schauen, sondern immer geradeaus. Dann verschüttet man nichts.«

»O, nein, das lebende *Yps*-Heft ist zurück«, denkt sich die Bloggermum, die die vortragsfreie Zeit genossen hat. Dass Futura auch immer neben den größten Nervensägen buddeln möchte. Weghören geht irgendwie nicht. Die Bloggermum scannt den Experten. Klar, ganz unten beginnt der Besserwisser-Survival-Look natürlich mit Trekkingsandalen. Als seien die noch nicht hässlich genug, trägt der Mann buntgesprenkelte Häkelsocken darin. Dann folgt die Funktionshose mit abzippbaren Beinen. Einmal hatte ihr ein Outdooranbieter auch so eine zukommen lassen, als Spielplatzbegleiter für Regenwetter, mit dem Hinweis, über eine kleine Erwähnung in dem Blog würde man sich freuen. Würde ihr natürlich nicht im Traum einfallen, so etwas zu tun. Einen fingierten Blogeintrag schreiben jederzeit, aber in so eine Hose zu steigen? Never ever forever. Schon die Beschreibung las sich wie eine Windelwerbung: *Der Weatherguard Protector mit Feuchtigkeitsmanagement-Ausrüstung unterstützt Sie bei all Ihren Aktivitäten. Da bleiben selbst Hochaktive cool, trocken und sauber. Die vorgeformten Knienähte sorgen dabei für optimale Bewegungsfreiheit.*

Dem lebenden *Yps*-Heft scheint die Hose hingegen zu gefallen. Er kombiniert sie mit einem verwaschenen Angkor-Wat-T-Shirt und trägt darüber noch eine hühnerhautfarbene Weste mit vielen Taschen. Genaugenommen ist er eine Reinkarnation ihres Erdkundelehrers. Das Grauen in Person.

Und trotzdem muss irgendjemand mit dieser Person Geschlechtsverkehr gehabt haben. Denn offensichtlich sagt dieser Junge Papa zu ihm. Sogar die honigblonden Locken sind identisch. Komisch. Die Bloggermum muss an ihren Single-Kumpel denken. Der gibt jeden Monat eine beachtliche Summe für Klamotten und Friseur aus, um auf dem freien Single-Markt bestehen zu können. Einmal hat er sich sogar einem schmerzhaften Ganzkörperwaxing hingegeben, weil er gelesen hatte, dass die jungen Girls das heute so mögen. Und wer hat am Ende Sex? Der Erklärbär im verwaschenen, verschwitzten Angkor-Wat-T-Shirt.

Die Bloggermum wüsste nicht, was passieren müsste, damit sie diesen Mann auch nur in den Arm nehmen würde. Es lässt ihr keine Ruhe. Vielleicht war es ja eine Heim-Insemination. Da wird das Sperma mit einer Pipette eingeführt, eine beliebte Methode bei gleichgeschlechtlichen Paaren mit Kinderwunsch. Das könnte hinkommen.

»FUTURA! NEIN! VORSICHT! Mist ... Ach, das tut mir leid.«

»Oje, Ihr Kind ist mitten durch unseren Granitfelsenrücken und die Landwirtschaftsgebäude gerobbt. Na ja. Wie alt ist sie denn?« Der Erklärbär richtet sich langsam auf und wendet sich der hübschen jungen Dame zu, die einen viel zu großen Trenchcoat trägt.

»Elf Monate«, antwortet die Bloggermum knapp, weil sie Angst hat, festgequatscht zu werden.

»Elf Monate. Also, da sollte man ja eigentlich schon krabbeln können. Bei Tchibo gibt es gerade diese ganz tollen Krabbelstrumpfhosen. Die haben unter den Knien Gumminoppen. Der so entstandene Widerstand lässt die Kleinen ganz schnell in den Vierfüßler-Stand kommen.«

»Ah ja, danke. Wir gehen jetzt mal schaukeln.« Die Bloggermum schnappt sich Futura und die Buddelsachen und läuft schnell davon.

»Nur 7,95. Im Zweierpack.«

16:30 Uhr: Der Kumpelpapa

»Der schon wieder. Bestimmt hat er wieder bergeweise Plastikspielzeug dabei«, denkt die Forenmutti. »Auweia, die Nervensäge. Jetzt ist wieder stundenlang die Schaukel besetzt«, ärgert sich die aus dem Dachgeschoss. »Um Gottes willen, bestimmt wirbelt er wieder sein Kind so wild durch die Luft, dass Hirnblutungen drohen«, fürchtet die Helikoptermutter. »Hat der seinem Kind schon wieder ein neues Fußballtrikot für 50 Euro mit Namen hinten drauf geschenkt?«, fragt sich die Bloggermum. Vorhang auf für Kumpelpapa.

»Hey Jayjay, Alter, jetzt geht's gleich richtig los!« Den Kumpelpapa hört man schon lange, bevor man ihn sieht. Mit wippenden Schritten und heiserem Lachen biegt er auf den Spielplatz ein. Er ist der Typ Kapuzenpulli, Baseballmütze, bunte Turnschuhe, leicht unrasiert und auch leicht aus der Form geraten. Kaum hat er den vollbepackten Kinderwagen geparkt, stürmt er auf den Sand und lässt sich mit einem lauten Seufzen auf den Rücken fallen. Jonas, drei Jahre, rennt ihm hinterher und springt auf seinen Bauch.

»Aaaauuuu! Dicker, das kannst du deinem armen, alten Buddy doch nicht zumuten!«

Jonas quietscht vor Vergnügen und schaut seinen Vater mit großen Augen an.

»Soll ich?«, fragt Kumpelpapa.

»Jaaaaah!«, brüllt Jonas.

Daraufhin simuliert Kumpelpapa mit Jonas auf dem Bauch ein Erdbeben der Richterskala-Stärke 9, anschließend einen Wirbelsturm mit 12 Beaufort, einen X-Wing-Fighter im Kampf um den Todesstern in *Star Wars Episode IV*, einen Jeep auf der Rallye Paris–Dakar und schließlich einen wildgewordenen Elefanten auf Tigerjagd im Dschungel von Eschnapur.

Jonas ist begeistert. Der Rest des Spielplatzes schaut entgeistert. Der Kumpelpapa keucht vor Anstrengung, rappelt sich aber schnell wieder auf, klopft sich den Sand ab, zieht das eng sitzende Guns-N'-Roses-T-Shirt über den Bauch und klettert auf die Rutsche: »Jetzt schau mal ganz genau zu!« Kopfüber saust er die enge Rinne runter und landet mit dem Bauch im Sand.

Der Kumpelpapa fühlt sich sauwohl auf dem Spielplatz. Dort mit Jonas herumzutoben ist für ihn das Größte. Da draußen mag die Welt unübersichtlich und schwierig sein – Globalisierung, Finanzkrise, Klimawandel und so weiter –, aber wenn er und sein bester Kumpel hier zusammen sind, ist alles okay. Viel Kontakt nach draußen hat der Kumpelpapa nicht mehr. Seit der Geburt von Jonas fehlt einfach die Zeit, sich mit Freunden zu treffen, mal ins Kino zu gehen oder auf Konzerte – all das, was man halt früher so gemacht hat, irgendwann im Pleistozän, als man noch keine Kinder hatte. Heute spielt der Kumpelpapa hauptsächlich mit Jonas.

So gutgelaunt er auf dem Spielplatz auch rumturnt, in den letzten Jahren hat sich um ihn eine ganze kulturpessimistische Industrie zusammengebraut. Genau wie die Helikoptermutter ist er einer der Hauptdarsteller in einem ganz großen gesellschaftlichen Untergangsszenario. Seit einigen Jahren warnen eine Riege von Angstmogulen und Disziplin-Propagandisten Eltern eindringlich davor, ihren Kindern jeden Wunsch von den Augen abzulesen und sie immer alles gewähren zu lassen. Der Bonner Familientherapeut und multiple Bestsellerautor Michael Winterhoff etwa, der es als flammender Tyrannenwarner zu großer medialer Präsenz geschafft hat. Seine Bücher heißen *Warum unsere Kinder Tyrannen werden. Oder: Die Abschaffung der Kindheit*; Teil zwei: *Tyrannen müssen nicht sein. Warum Erziehung alleine nicht reicht – Auswege*; Teil drei: *Persönlichkeiten statt Tyrannen. Oder: Wie junge Menschen in Leben und Beruf ankommen*; und zuletzt *SOS Kinderseele. Was die emotionale und soziale Entwicklung unserer Kinder gefährdet – und was wir dagegen tun können*. In allen Büchern mahnt er aufs Dringlichste: Wenn wir den Kindern nicht Struktur und Orientierung geben, droht uns allen Schlimmstes.

Im Grunde ist Winterhoffs Denkmodell einfach: Durch die Art und Weise, wie Eltern heute ihre Kinder behandeln, kommt es zu einer Machtumkehr. Nicht mehr die Eltern bestimmen, was passiert, sondern die Kinder. Das wiederum sei höchst gefährlich für deren Entwicklung. Das Grundproblem hierbei sei der partnerschaftliche Umgang, den viele Eltern als Ideal ansähen. Winterhoffs These: Mit ihren Kindern wollen überforderte Eltern eine heile Welt bauen. Um dieses »symbiotische« Leben mit ihren Kindern zu führen, vermieden sie um jeden Preis Konflikte. Und das habe Folgen für die psychische Entwicklung der Kinder. Sie bräuchten vielmehr eine verbietende Instanz, sonst würden sie zu Narzissten: ich-fixiert und unfähig, auch nur kleinste Frustrationen zu überwinden. Ergo: Die Eltern müssten wieder lernen, Autorität auszuüben.

Neu ist die Angst vor dem Tyrannen im Kind freilich nicht. Sie ist eher eine Art Zombie der deutschen Erziehungsgeschichte, der immer wieder mal seinen unheimlichen Auftritt hat, wenn die Verunsicherung groß ist. »Deutsche Eltern sorgen sich nicht nur um ihre Kinder, sondern auch vor ihren Kindern«, schreibt die Historikerin Miriam Gebhardt, die Erziehungstagebücher und -ratgeber aus dem 20. Jahrhundert untersucht hat. Diese strotzen nur so vor Schauerlichem: Kleinkinder galten schon früh als wilde Wesen, die gezähmt werden müssten, am besten mit eiserner Konsequenz beim Einhalten von Schlaf- und Essensrhythmen, mit wenig Körperkontakt und ohne Mitleid, wenn sie mal weinen. Bis in die 60er Jahre warnte man Eltern vor zu viel Verständnis und Zärtlichkeit. Kinder küssen ging schon gar nicht.

Heute hat Strenge andere Namen, und zwar welche, die

weniger nach Rohrstock klingen. Der beliebteste ist »Konsequenz«. Gängige Synonyme sind »klare Regeln«, »Struktur«, »Grenzen« oder – eleganter, weil weltläufiger – »Cadre«.

Cadre – dieses Wort kennt man in Deutschland von einer Amerikanerin: Pamela Druckerman. Als die Journalistin nach Paris zog, stellte sie fest, dass die französischen Kinder ganz anders sind als die in Amerika. Erstaunliche Dinge konnten die: sich im Restaurant ordentlich benehmen und weder mit dem Essen noch mit dem Salzstreuer werfen. Nicht mal das Gemüse würden sie bei Tisch verschmähen. Sie sagen auch höflich Bonjour und lassen Maman in Ruhe telefonieren, wenn sie es möchte. Kurz: Sie sind keine Nervensägen. Und schon gar keine Tyrannen. (Wobei man für die französische Entsprechung des Winterhoff'schen Tyrannenkinds einen klangvolleren Namen hat: »Enfant-Roi« – Königskind.)

Unter dem Zauberwort Cadre, erklärt Druckerman in ihrem Buch *Warum französische Kinder keine Nervensägen sind*, verstehen die Franzosen einen festen Bezugsrahmen, in dem die Kindererziehung stattfindet. Der Trick: Nur in bestimmten, zentralen Dingen sind Eltern streng, sonst eher locker. Kinder müssen gewisse, sehr strenge Grenzen akzeptieren, die sie ausführlich und immer wieder erklärt bekommen, etwa beim Essen, Schlafen und Fernsehen. Innerhalb dieser Grenzen genießen sie jedoch viele Freiheiten und können selbst entscheiden, was sie tun wollen. Französische Eltern würden auch nie auf die Idee kommen, auf dem Spielplatz mitzuspielen. Das sollen die Kinder bitte alleine tun.

Dem Kumpelpapa ist der Cadre reichlich schnuppe. Er hat mittlerweile das Spielzeug im Sand verteilt: Action-figuren, Monstertrucks, Eiswaffeln und Eisportionierer. Das Bobbycar ist auch geparkt. Doch Jonas möchte erst mal schaukeln. Klar, dann natürlich schaukeln. Kumpel-papa schubst an, Jonas fliegt durch die Luft, und damit das nicht gleich langweilig wird, hat sich der Kumpelpapa was ausgedacht. Er röhrt »Vorsicht – Asteroidenfeld!« und wackelt an der Schaukel herum, so dass sie wild nach links und rechts schlingert. Jonas jubelt. Helikopter-Ole schaukelt daneben, wohltemperiert angeschubst von der Helikoptermutter. Sie bekommt es mit der Angst. »Kön-nen Sie die Schaukel bitte neu ausrichten?«, fragt sie den Kumpelpapa.

Dieser schaut ratlos drein. Was will denn die? Wo ist das Problem, wenn man mal ein bisschen ausflippt beim Spielen? Überhaupt: Das ist ein Spielplatz. Wo, wenn nicht hier, soll man mit den Kindern toben? Dafür ist der Platz ja wohl da. Und was wollen diese ganzen lahmen Muttis dauernd?

Der Kumpelpapa ist ja mittlerweile einiges gewohnt. Nimmt er Jonas auf die Schultern, kommt unter Garantie binnen Sekunden eine Mutter an und sagt: »Bei ihrem Kind schaut der Po aus der Hose raus.« Hat Jonas eine Jacke an, heißt es: »Ihr Kind überhitzt.« Hat er keine Jacke an: »Ihr Kind friert.«

Manchmal klingt es subtiler, wenn auch nicht weniger nachdrücklich. Schnieft Jonas einmal kurz, bekommt er ungefragt von irgendwoher ein Taschentuch hingehalten. »Maternal Gatekeeping« nennt das die Psychologie: Manche Mütter würden Männer nicht als gleichberechtigten und kompetenten Elternteil akzeptieren und hielten ihn so von familiären Aufgaben ab. Hier geht es um Macht – und zwar um die häusliche Macht, die sich rund ein Viertel aller Mütter nicht streitig machen wollen. Der Kumpelpapa nennt sie »Mutti-Polizei«. Die ist immer auf Streife, und ihre Strafzettel verteilt sie in Form von ungebetenen Ratschlägen und sinnlosen Vorschriften. Der Kumpelpapa erlebt dieses Dilemma täglich: So sehr sich Mütter einerseits aktive, engagierte Väter wünschen, so suspekt wird es ihnen andererseits, wenn sie mal auf einen stoßen, der aktiv und engagiert ist.

»Komm, Johnny – wir machen jetzt die Düse! Ich brate uns ein paar schöne Burger zu Hause.« Gegen 18:30 Uhr kommt Aufbruchsstimmung auf dem Spielplatz auf. Wer jetzt noch hier ist, ist im Grunde schon zu spät dran. Zu spät, um Abendessen, Zähneputzen, Schlafanzug anziehen, Buchvorlesen und Vorsingen noch halbwegs ohne Hektik hinzubekommen. Der Kumpelpapa packt die Schaufeln, den Bagger, die Maurerkelle, die Eiswaffeln, die Actionfiguren und das Laserschwert unten in den Kinderwagen, wo er auch das Bobbycar mit einem Seil hingeschnallt hat. Jonas sitzt mit seinem Fußballtrikot in der Mitte einer durchfurchten Kraterlandschaft, die der Kumpelpapa gebaggert hat. Es soll der Wüstenplanet Tatooine sein, wo die Weltraumstation Mos Eisley ist.

Jonas macht keine Anstalten, sich auch nur einen Millimeter zu bewegen.

»Johnny-Boy, lass uns Land gewinnen!«

»Mag Laufrad.«

»Was? Komm jetzt, wir machen einen Männerabend.«

»Laufrad.«

»Haben wir nicht dabei. Du kannst auf meine Schulter. Oki-Doki?«

»Laaaauufffrad! Du Kackrobbe!«

»Hey, hey, hey! Keine Panik, Dr. Jay. Ich ruf die Mama an. Und die bringt es uns sicher schnell vorbei! Deal?«

Mittwoch

11 Uhr: Der Mütterscan

Die Bloggermum sitzt am Rande der Sandkiste und freut sich, dass Futura auf dem Weg zum Spielplatz eingeschlafen ist. Denn ausnahmsweise müssen heute in der Schlafenszeit weder Feuchttücher noch Folgemilch noch sonst irgendetwas eingekauft werden, und da sie ja außer Haus ist, kann sie die Zeit nicht einmal irgendwie sinnvoll nutzen. Also kein »kurz mal Wäsche waschen«, »rasch mal aufräumen« oder »schon mal den Brei vorkochen«.

So passiert etwas sehr Seltenes. Etwas sehr Kostbares. Etwas, für das sie alle Mütter auf der ganzen Welt in diesem Moment beneiden: Die Bloggermum hat zehn Minuten Zeit für sich selbst.

Futura steht im Schatten geparkt, und die Bloggermum streckt ihre Beine in die Sonne. Die sind auch mitten im Sommer windelweiß, da sie mit ihrer Tochter ja die ganze Zeit im Schatten bleiben muss. Sie blinzelt in den Himmel, hört das leise Rascheln der Blätter im Wind und zückt in einem Blitzanfall von Langeweile ihr iPhone.

Da betritt eine andere Frau den Spielplatz. Mit der einen Hand schiebt sie einen Kinderwagen, an der anderen Hand hat sie einen Zweijährigen, der gerade ein riesiges Schokoladeneis verdrückt.

Eine Babysitterin? Oder eine Nanny, ein Au-pair oder eine junge Tante, die noch keine eigenen Kinder hat, tippt die Bloggermum. Sie scannt die Neue von oben bis unten. Dieser Mütterscan ist so präzise wie der Körperscanner an amerikanischen Flughäfen. Und er ist obligatorisch. Jeder, der durch das quietschende Tor zum Spielplatz geht, muss da durch. Der Mütterscan kann jedoch noch mehr als die Terahertz-Kamera am Flughafen. Er tastet nicht nur den Körper ab und entdeckt Problemzonen wie Schusswaffen und Sprengstoff, er schlägt auch auf andere Faktoren an: Eine Vielzahl an sozialen Daten können durch sehr genaues Hinschauen ermittelt werden. Was haben die Mütter an? Was haben die Kinder an? Anhand dessen kann das Nettogehalt grob geschätzt werden. Und ob das Kind in eine Elterninitiativ-Kita, eine Waldorf-Kita oder doch auf eine städtische Kita geht. Ob es mit Holzspielzeug spielt oder Prinzessin Lillifee geschenkt bekommt. Ob es Schokolade essen darf oder an staubigen Reiswaffeln knabbern muss. Aufschlussreich für das Profil ist auch die Kinderanzahl. Die Ein-Kind-Mutter ist meist hysterisch, die Drei-Kind-Mutter achtet nicht mehr auf sich selbst. Die späte Mutter wirkt wie zerfressen von Sorgen. Die Alleinerziehende hat es doppelt so schwer wie alle anderen und strahlt das auch aus. Und dann gibt es noch die Single-Freundin, die heute aushilft und es noch ins Fitnessstudio schafft, aber die biologische Uhr schon laut ticken hört.

So eine ist das aber nicht, mutmaßt die Bloggermum – zu jung, zu entspannt im Umgang mit den Kindern. Sie scannt weiter: Ihr Körper hat sicher noch nie einen Nachtisch zu sich genommen oder in der Stillzeit einen zweiten Teller Nudeln verputzt. Er wurde auch nicht durch Schwangerschaften in alle Richtungen ausgeleiert. Dazu die Haare: glänzend, dick und nicht wie bei ihr selbst durch postnatalen Haarausfall mitgenommen und ausgedünnt. Sie umspielen die in einem Bronzeton gebräunten Schultern, während die Neue einen der frisch in der Farbe der Seidenbluse pedikürten Füße vor den anderen setzt.

Dieser Undone-Look macht die Bloggermum fertig. Das ist das Allerschlimmste. Auf den ersten Blick sehen die Frauen aus, als seien sie gerade aus dem Bett gestiegen – lässig, entspannt, ungeschminkt. Den Clou dabei erkennt man erst auf den zweiten Blick: der Fehler fehlt. Die Frauen sehen perfekt aus. Die Bloggermum weiß, dieser Undone-Look ist harte Arbeit. Alleine die Beach-Wave-Frisur – meilenweit entfernt vom praktischen Kurzhaarschnitt, den sich das Gros der Frauen zulegt, wenn sie Kinder kriegen. Für diese Frisur muss man die Haare über Nacht vom Ansatz an zu französischen Zöpfen flechten. Nach einer Nacht auf harten Zöpfen muss man diese dann öffnen und die einzelnen Strähnen mit einem Salzwasserspray definieren. Die unteren Partien können zum Schluss noch mit dem Lockenstab nachgearbeitet werden. Die goldenen Strähnen sind bestimmt auch nicht von der Sonne hellgeküsst, sondern vom Friseur in einer Drei-Stunden-Sitzung eingefärbt. So viel Zeit hätte ich auch gerne mal wieder für mich, denkt die Bloggermum und nimmt sich vor, am Abend noch einmal zu googeln, ob Haarefärben in der Stillzeit eigentlich erlaubt ist oder nicht.

Dann das Gesicht: ausgeschlafen natürlich. Ungeschminkt aussehen können nur Frauen, die sich wirklich schminken können. Die Bloggermum muss an das Kosmetikstudio denken, an dem sie Futura jeden Morgen vorbeischiebt: *Beauty isn't Make-up* steht auf dem Klappschild vor dem Laden. Schön wär's. Würden die Mütter mal ohne Make-up auf die Straße gehen, hätten die Medien vielleicht mehr Mitleid und würden sie nicht immer voller Häme als verspannte, kontrollsüchtige Helikoptermütter abkanzeln. Die Welt wäre plötzlich voller unausgeschlafener Frauen, die mit blutleeren Gesichtern und autoreifengroßen Augenringen durch die Straßen schlichen. Den Menschen würde nicht im Traum einfallen, diese Invasion der »Momster« als Latte-macchiato-Mütter zu beschimpfen. Sie würden ihnen stattdessen doppelte Espressi und Abdeckcremes reichen. Aber die Mütter wollen ihre Mitmenschen nicht schockieren und kaschieren die unfreiwillig durchgemachten Nächte brav mit Abdeckcreme und zaubern sich mit etwas Rouge einen Hauch von Erholung auf die Wangen.

Die schöne Erscheinung, die gerade mit dem Eistütenkind auf der Spielplatzbank mit den Beinen um die Wette schlackert, hat bestimmt noch mehr als Abdeckcreme und Rouge auf dem Beautyzähler. Auf diesen Lippen und Wangen war Benetint am Werk, da macht man der Bloggermum nichts vor. Benetint zaubert natürliche Frische auf Wangen und Lippen – ohne abzufärben! Für 33,99 pro Fläschchen kann man nach der Geburt aussehen, als komme man gerade von einem langen Wochenende an der Côte d'Azur zurück. Dank der Wasserfestigkeit kann man das Neugeborene sogar ausgiebig abküssen, ohne dass es unschöne Knutschspuren hinterlässt. Die Blogger-mum überschlägt schnell im Kopf: Eine Stunde Bad am morgen braucht die Schöne sicher.

Spätestens beim Outfit wird klar, dass es sich beim be-obachteten Objekt um eine Babysitterin handeln muss. Keine normalsterbliche Mutter würde sich mit nude-farbener Seidenbluse auf den Spielplatz trauen. Zu groß die Gefahr von Schweiß-, Kotze- oder Eisflecken. Dazu die mauvefarbenen Ballerinas in Wildleder. Da kommt bei der Bloggermum fast ein bisschen Schadenfreude auf, denn der Sand wird dieses Paar Schuhe zurichten wie die Waschmaschine einen Plüschhasen.

Aus dem Kinderwagen – Cybex Sonderedition Denim by Lala Berlin – kommt ein zartes Babywimmern. Die Schöne hebt das Kind heraus und knuddelt es. Ihr Zwei-jähriger hält sein Eis vor den Mund des Babys, als wolle er ihm etwas anbieten. Die Frau lacht und streichelt ihm über den Kopf. Dann legt sie sich ein Tuch über die Schul-ter, nestelt unter ihrer Bluse nach dem BH-Verschluss und klickt ihn auf.

Die Bloggermum bekommt Schnappatmung. Die stillt. Sogar der Kumpelpapa blickt auf, obwohl er sich vorge-nommen hat, stillende Frauen nicht anzugaffen. Außer-dem ist er gerade schwer beschäftigt. Mit Jonas stellt er nämlich das Elfmeterschießen zwischen dem FC Bayern und Valencia im Champions-League-Finale 2001 nach. Er ist Oliver Kahn und hat gerade gehalten. Als er die stillende Schönheit sieht, denkt er jedoch nur noch eins: MILF.

Diese Buchstabenkombination steht für die Moro Isla-mic Liberation Front – eine islamistische Befreiungsarmee auf den südlichen Philippinen. Doch die Gotteskämpfer müssen sich die Abkürzung teilen, seit die Highschool-Komödie *American Pie* 1999 im Kino lief, in der die Mutter der Figur Stifler von einer Horde testosterongesteuerter Teenager als »MILF« bezeichnet wird – als »Mother I'd like to fuck«. So machte der Slang-Ausdruck für eine Mutter mit Sexappeal plötzlich weltweit Karriere.

Das Phänomen ist freilich älter als die Abkürzung. Fest zum Personal der Popkultur gehört die MILF seit mindestens einem halben Jahrhundert. Die berühmteste der Filmgeschichte ist Mrs Robinson aus dem Film *Die Reifeprüfung* (1968). Hier wird der junge Dustin Hoffmann von der vernachlässigten Gattin des Geschäftspartners seines Vaters verführt und verliebt sich anschließend in ihre Tochter. (In MILF-Experten-Kreisen wird allerdings debattiert, ob man Mrs Robinson nicht eigentlich eher als »Cougar« bezeichnen müsste. Das amerikanische Wort für Puma steht für den Phänotyp der reifen Frau, die sich junge Sexpartner sucht.)

Seither taucht die Mutter mit Sexappeal immer wieder in der Populärkultur auf: von Albumnamen, Songtiteln und Raptexten über Autorenfilme des New Hollywood bis hin zum Popcornkino, über HBO-Serien bis hin zur Pornoindustrie, wo »MILF« eine eigene Gattung ist, die mit »Teen« zu den beliebtesten des Genres gehört – jedenfalls, wenn man dem Ranking der Suchbegriffe des führenden US-Online-Pornoanbieters glauben darf. Die Darstellerinnen müssen zwar meist nicht unbedingt Mutter sein, aber im Vergleich zum branchenüblichen Altersschnitt sind sie quasi die Dinosaurier ihrer Berufssparte.

Was will man sein: lieber MILF oder Mutti? Darüber hat die Bloggermum im Freundeskreis ausführlich diskutiert. Von einem feministischen Standpunkt her, meinten die einen, sei das MILF-Phänomen natürlich eine besonders perfide Form der chauvinistischen Scheiße. Schlimm genug, wenn man seinen ganzen Körper den Strapazen der Schwangerschaft und der Geburt aussetzt und damit Karriere und die eigene Altersvorsorge aufs Spiel setzt. Von der Selbstverwirklichung ganz zu schweigen. Aber jetzt soll man die Spuren der blutigen Schlacht schon nach Tagen verwischen, als sei nichts gewesen? Nur um dem Wunschbild der Männer zu entsprechen? Die anderen meinten: MILF sei immer noch besser als Mutti. In Letzterer stecke doch die gleiche männliche Verachtung drin, nur dass einem dabei noch jegliche Attraktivität abgesprochen werde. Die Bloggermum findet: Lieber ein schmieriges Kompliment als gar keins.

Der Mütterscan findet ja längst nicht nur auf dem Spielplatz statt, er ist auch in den Medien omnipräsent. Verantwortlich sind Promi-MILFS wie Madonna, Demi Moore, Heidi Klum oder Victoria Beckham – Körperarbeiterinnen des Showgeschäfts, ohne die es das Wort »Afterbabybody« gar nicht gäbe. Und die das Zeitfenster, in dem der Babyspeck wieder abgeworfen werden soll, extrem verkleinert haben.

Die Schöne auf dem Spielplatz hat jetzt abgestillt. Der Kleine ist alleine auf die Schaukel geklettert, das Baby sitzt auf ihrem Schoß und lächelt zufrieden. Die Bloggermum tippt: Die war bestimmt beim Postnatal-Yoga. Und zwar täglich. Vielleicht hat sie auch die Five-Hands-Diät von Victoria Beckham gemacht: Lachs, Thunfisch, Goji-Beeren und ganz viel Wasser. Proteine statt Kohlehydrate. Natürlich gäbe es noch unzählige andere Varianten: Mama-Fitness, Fitdankbaby, Buggy-Vital, MamaWalking, Känguru-Kurse mit umgeschnalltem Baby, Lauf-Mama-Lauf, Mama-Zumba, Pretty Mums, Aquafitness mit Baby-Betreuung, Tanz dich fit mit Baby, Mommy-Pilates oder Cantienica.

Aber wer da mitturnt, hat im Grunde schon verloren, weiß die Bloggermum. Denn mindestens die US-MILF geht das Thema Afterbabybody lange vor der Entbindung an. Viele buchen zum geplanten Kaiserschnitt gleich eine Bauchdeckenstraffung mit dazu. Dabei wird die über-schüssige Haut zwischen Nabel und Schambehaarung entfernt und gestrafft. Dann wird die durch den Baby-bauch erschlaffte Muskulatur angezogen, so dass nichts mehr schlabbert. Wen die Narbe stört, die man unter dem Bikini verstecken kann, kann diese mit einer Fractional-Laser-Behandlung entfernen lassen. So passt man schon Wochen nach der Geburt wieder in die alte Konfektions-größe, vor allem, weil der Termin zur Entbindung vier Wochen vor dem natürlichen Geburtstermin festgelegt wird. So kann man ein paar Kilo sparen – schließlich le-gen die Frauen gerade in den letzten Wochen noch mal extra Gewicht zu. Wenn die Bloggermum mal so richtig schlechte Laune bekommen will, schaut sie sich die Bil-dergalerien an, in denen Topmodels am Strand mit ihren Kindern posieren.

Doch keine Bewegung ohne Gegenbewegung. In dem Maße, wie die bunten Blätter Fotos von wundersam verschlankten Profi-Müttern zeigen, formiert sich Widerstand. Auf Facebook gibt es Gruppen, in denen Frauen ihre geschundenen Körper nach der Geburt zeigen. Man sieht Dellen, Dullen, Narben, schlaffe Bäuche, Orangenhaut, Schwangerschaftsstreifen. Man sieht die ganze Wahrheit, sortiert nach Kategorien wie Bauch, Kaiserschnitt, Zwillinge oder Fehlgeburt. Auch die Zeitschrift *Brigitte Mom* hat Fotostrecken mit den Körpern von Müttern veröffentlicht. Eine 22-Jährige mit einem 16 Monate alten Baby berichtet: »Heute Morgen stand ich nackt im Bad und dachte, ein fettes Monster hätte mich verschluckt.« Eine 24-Jährige schreibt: »Meine Oberschenkel haben Streifen bis zu den Kniekehlen. Ins Schwimmbad bekommt mich keiner so leicht – da würde ich mich wohl nur in einer Badeburka reintrauen.« Daran nervt die Bloggermum wiederum der Bekenntniszwang. Warum sollte man sich nur über die Problemzonen definieren? Wo bleibt da der Stolz?

»Wäääääää!« Futura ist aufgewacht. Die Bloggermum schuckelt am Kinderwagen, aber das Baby schläft nicht mehr ein. Eigentlich ist sie ganz froh um die Ablenkung.

14 Uhr: Die Festung der Angst

»Vorsicht! Du plumpst da gleich runter.«

Ole ist auf der Ritterburg. Er ist fünf Sprossen der Leiter auf den einen der beiden Türme geklettert, über die kleine Plattform gelaufen und steht jetzt am Rand der Hängebrücke, die einen Meter über dem Sand zum zweiten Turm führt, von dem die Rutsche mit der scharfen Kurve runtergeht.

»Immer schön mit beiden Händen festhalten.« Die Helikoptermutter steht 27 Zentimeter neben ihm und hat die Arme weit ausgebreitet, falls er den Halt verlieren sollte. Sie schaut konzentriert, wie er einen Fuß vor den anderen setzt. »Aufpassen!«

Für die Helikoptermutter ist die Ritterburg eine Festung der Angst. Je länger sie hinschaut, desto mehr Gefahrenquellen entdeckt sie – an jeder Sprosse, an jedem Brett, an jedem Pfosten. Natürlich, man kann von einem Klettergerüst auf den Boden fallen. Aber das ist nur ein Problem von vielen. Es könnte auch alles mögliche sonstige passieren. Was, wenn das Kind beim Klettern abrutscht und mit der Kapuze oder dem Schal irgendwo hängenbleibt? Die Helikoptermutter hat sich die Ritterburg mal genauer angeschaut. Spitze Winkel gibt es keine, aber was ist mit den Pfosten? Die Kordeln der Jacke hat sie sicherheitshalber abgeschnitten. Und all diese Abstände und Lücken zwischen den Brettern und Balken. Sind die Abstände zu klein, können Kinder mit den Knöpfen hängenbleiben, wenn sie abrutschen, oder natürlich mit den Fingern. Sind sie wiederum nicht groß genug, könnte im schlimmsten Fall bei einem Sturz der Kopf in einer Lücke steckenbleiben. Sorgen macht der Helikoptermutter auch das Material. Das ist ja alles Holz. Das muss gewartet werden. Einmal die Woche kommt jemand vom Grünflächenamt und schaut, ob noch alles in Ordnung ist. Sie weiß das, denn da hat sie schon einmal angerufen, um sich zu informieren. Und einmal im Jahr macht der TÜV eine große Inspektion. Ob das reicht? Ob die klammen Kommunen auch die Mittel haben, um sorgfältig zu arbeiten? Schließlich kann Holz schnell morsch werden oder faulen. Was, wenn die ganze Ritterburg einfach zusammensackt und die Kleinen unter sich begräbt?

»Schön vorsichtig«, sagt die Helikoptermutter zu Ole, der jetzt auf der wackeligen Hängebrücke balanciert. Sie steht knöcheltief im Sand. Das beruhigt sie. Das ist schon mal gut, dass hier so viel Sand ist. Besser auf jeden Fall als Holzschnitzel oder Rindenmulch. Die federn zwar Stöße auch gut ab, wenn ein Kind vom Klettergerüst fällt, und können somit Knochenbrüche möglicherweise verhindern (und zwar besser als Gummigranulat, das in England und Amerika üblich ist), aber Holzschnitzel und Rindenmulch neigen nun mal zur Bildung von Schimmelpilzen. Haben sie keinen Pilzbefall, ist das noch lange kein Grund zur Entwarnung. Das könnte vielmehr bedeuten, dass sie mit Fungiziden behandelt wurden. Und die wiederum kann der Körper …

»Nicht in den Mund nehmen!«, schreit die Helikoptermutter. Sie stürzt auf Hanna zu. Bis eben saß sie auf der Decke. Jetzt ist sie in den Sand gekrabbelt. Dort sitzt sie nun und untersucht neugierig ein Steinchen, das sie aus dem Sand gepult hat. Ihr Mund steht sperrangelweit offen, ein Spuckefaden hängt herab. Die Helikoptermutter reißt ihr das Steinchen aus der Hand und steckt es in die Hosentasche. »Das darfst du nicht essen!«

Sie setzt Hanna zurück auf die Decke und reibt deren Hände zur Sicherheit mit Sterilium ein. Das Desinfektionsmittel, das beißend nach Krankenhausflur riecht, beseitigt 99,9 % aller Viren. Die kleine blaue Flasche in der Hosentasche hat sie schon über so manche schwierige Situation gebracht. Hängt an der Kita mal wieder das Schild *Wir haben Ringelröteln*, fasst Hanna an den Türknopf in der U-Bahn oder grabscht Ole nach der Schaufel eines verschnupften Kindes – Sterilium hilft immer. Mindestens so lange, bis man wieder zu Hause ist. Dort ist dann natürlich noch mal Händewaschen mit Seife angesagt. Dabei muss Ole zweimal hintereinander »Happy Birthday« singen, denn so lange dauert es, die meisten Viren und Bakterien zu beseitigen. Hanna ist zu klein zum Singen, deshalb summt die Helikoptermutter ihr das Lied vor. Zur Sicherheit schrubbt sie mit einer Wurzelbürste auch das letzte Sandkorn unter den Fingernägeln hervor.

Ach, der Sand. Auch so ein Sorgenverstärker. Eigentlich soll er auf Spielplätzen alle zwei Jahre gewechselt werden. Aber das wäre ihr auf diesem hier noch nicht aufgefallen. Vielleicht hat das Grünflächenamt auch eine Sandreinigungsmaschine, dann kann man den Sand bis zu sechs Jahre verwenden – sagen jedenfalls die Hersteller von Sandreinigungsmaschinen. Dieser dunkle, modrige, klamme, klumpige Bodensatz sieht allerdings nicht unbedingt danach aus, als sei ihm in letzter Zeit viel Pflege und Aufmerksamkeit zugekommen. Sicher ist jedenfalls, dass sich mit der Zeit alles Mögliche an unappetitlichem Zeugs in der Buddelkiste sammelt. Zigarettenstummel, Essensreste und Glasscherben sowieso, aber gefährlich sind auch die Keime, die sich durch Blätter und Äste bilden können, die in den Sand fallen. Ganz zu schweigen von Infektionen durch Parasiten wie dem Katzen- und Hundespulwurm, der sich in den tierischen Ausscheidungen verbirgt und sich im Sand so wohl fühlt, dass er sich vermehren kann. Dann wären da noch die Verbrennungsgase und Schwermetalle, die durch den Regen in den Sand gelangen. Außerdem sind da immer wieder Steine. Dabei schreibt die Norm DIN 18034 doch vor, dass die Sandkörner nur bis zu zwei Millimeter Durchmesser haben sollten. Auch nicht gerade vertrauensfördernd, findet die Helikoptermutter. Wenn Hanna in den Sand geht, hat sie keine ruhige Minute. Der ganze Spielplatz ist ein Parcours potentieller Katastrophen.

Immerhin knallt jetzt am Nachmittag die Sonne nicht mehr so runter. Die Rutsche steht nämlich Richtung Süden – ganz ungünstig, denn dadurch wird sie irre heiß in der Mittagssonne. So heiß, dass Ole sich verbrennen könnte, wenn er mit nackten Beinen darauf hinunterrutschen würde.

Aber er ist noch nicht hochgeklettert. Er steht da auf dem zweiten Turm der Ritterburg und tut so, als schieße er Pfeile auf die anderen Kinder herunter. Hanna robbt derweil Richtung Schwengelpumpe, wo die Kinder im Matsch spielen. Sie ist noch ein paar Meter entfernt. Vielleicht dreht sie noch ab. Während ihrer Spielplatzbesuche hat sich die Helikoptermutter eine ähnliche optische Wahrnehmung antrainiert wie die ostafrikanische Springspinne – sie sieht praktisch 360 Grad.

Alle Eltern sorgen sich um das Wohl ihrer Kinder. Das war schon immer so. Was sollten sie auch sonst tun? Dass diese Sorge bisweilen paranoide Züge annimmt, war indes nicht immer so. Wie so vieles, was die Welt erobert, scheint die Elternparanoia aus Amerika zu kommen. Das Bild der Helikoptereltern, die jeden Schritt ihrer Kinder überwachen, tauchte 1969 wohl erstmals auf. In dem Buch *Between Parents & Teenagers* des israelischen Psychologen Haim G. Ginott beschwert sich ein Junge, dass seine Mutter bei allem, was er tue, immer über ihm kreise wie ein Hubschrauber. Populär wurde der Begriff dann zur Jahrtausendwende, um übervorsichtige Babyboomer-Eltern zu beschreiben, die in Ausbildung ihrer Kinder einen Haufen Geld investierten und sich dafür auch bei jeder Gelegenheit einmischten. Seither hat der Begriff eine steile Karriere gemacht. Heute hat er eine umfassendere Bedeutung: stark engagierte, aus der Mittelklasse stammende Eltern mit einer mehr oder weniger latenten Kontrollneigung, einer ausgeprägten Angstfixierung und leistungsorientiertem Förderwahn.

Schon lange, bevor das Wort in den allgemeinen Sprachgebrauch aufgenommen wurde, prägte ein verstärktes Sicherheitsbedürfnis den Umgang mit Kindern. Seit den späten 70er Jahren wurden in den USA die Spielplätze so umgebaut, dass sie den Vorstellungen der verunsicherten Eltern entsprachen. Der Auslöser dafür war eine Klagewelle gegen die Kommunen und Spielgerätehersteller. Berühmt wurde der Fall von Frank Nelson. Der Vierjährige kletterte auf einem Spielplatz in Chicago eine Rutsche hoch, die sich in einer Steilkurve nach unten zog und deshalb Tornado-Slide hieß. Doch so weit kam der Junge nicht. Er fiel zwischen den Stufen und den Handgriffen auf den Boden. Es war ein schlimmer Sturz aus vier Metern auf den Asphalt. Der Junge erlitt einen Schädelbruch und war danach halbseitig gelähmt. Nach einem langwierigen Prozess zahlte die Stadt 9,5 Milionen Dollar Schmerzensgeld. Gleichzeitig entstand eine Pressure Group, die mit immer neuen Untersuchungen zum Thema Spielplatzsicherheit aufwartete. Die Folge: Spielplätze wurden umzäunt, der Untergrund mit Gummimatten ausgelegt, die Spielgeräte auf ihre Sicherheit überprüft und Spielplätze zu den wohl normiertesten Orten des öffentlichen Raums.

Erstaunlicherweise gab es seit den frühen 80er Jahren dennoch nicht weniger Unfälle auf Spielplätzen. Die Zahl der Knochenbrüche nahm sogar leicht zu. Weil die Kinder beim Spielen nicht mehr aufpassen, weil sie denken, ein Sturz auf Gummi sei ungefährlich, vermuten Kinderpsychologen.

An diesem Punkt entstand eine neue Debatte: Müssten Kinder nicht eher gezielt an Risiken herangeführt werden – jedenfalls in einem überschaubaren Rahmen? Sollten Spielgeräte so gestaltet werden, dass sie mindestens riskant *wirken* und so den Kindern die Möglichkeit geben, sich selbst zu erproben – ohne dabei gleich ihre körperliche Unversehrtheit aufs Spiel zu setzen? Verhaltensforscher sagen, Kinder suchen in ihrem Spiel ohnehin das Risiko, weil es aufregend für sie sei und eine Art Konfrontationstherapie mit den eigenen Ängsten darstelle. Sie suchten die Nähe von Wasser, Feuer oder Höhen. Sie wollten sich mit spitzen, schweren, also potentiell gefährlichen Gegenständen beschäftigen und sie beherrschen lernen. Sie wollten toben und raufen. Sie suchten die Geschwindigkeit bis zu dem Punkt, an dem sie sich zu schnell anfühlt. Und sie wollten sich alleine und ohne elterliche Überwachung durch die Welt bewegen. Das Gefühl von Angst sei eine wichtige Erfahrung. Damit lernten die Kinder, Risiken einzuschätzen, Verantwortung für ihr Handeln zu übernehmen, und erlangten dadurch ein solides Selbstbewusstsein. Übervorsichtige Eltern würden ihren Kindern zwar Kratzer, Schürfwunden und vielleicht einen Bruch ersparen, aber sicher nicht eine breite Palette an Phobien.

»Stopp!« Fünf schnelle Schritte, dann hat die Helikoptermutter Hanna erreicht. Das war auch höchste Zeit, denn diese war schon kurz vor dem äußersten Fjord der Matschlandschaft, die die anderen Kinder gegraben und mit der Schwengelpumpe geflutet haben. Legionellen sollten in dem Wasser keine schwimmen, aber andere Bakterien könnten da schon drin sein. Und wer weiß, wie alt die Rohre sind? Für einen ordentlichen Durchfall reicht es allemal, wenn Hanna in der Schlammbrühe rumpatscht, ganz zu schweigen von der Erkältung, die sie sich garantiert holt, wenn sie mit nassem Body rumsitzt. Damit würde sie dann Ole anstecken, der deswegen nicht in die Kita könnte. Mit beiden Händen trägt die Helikoptermutter Hanna zurück auf die Decke und stellt ein Spielzeug vor sie. Sicher ist sicher.

Helikoptereltern haben das, was man schlechte Presse nennt. In den Medien sind sie Witzfiguren, Nervensägen, wahlweise auch egoistische Narzissten. Auf jeden Fall die, die alles falsch machen, weil sie ihre Kinder wahlweise mit ihrer Übervorsicht erdrücken oder sie im Wettbewerb um Bildungschancen energisch nach vorne peitschen. Ein bisschen unrecht tut man den Übervorsichtigen damit schon. Denn erstens kreisen heute praktisch alle Eltern mehr oder minder intensiv um ihre Kinder – zumindest, wenn man als Vergleich die eigene Elterngeneration nimmt. In England etwa gingen 1971 80 Prozent aller Drittklässler alleine in die Schule. Bereits 1991 waren es nur noch 9 Prozent. Heute sind es sogar noch weniger. Von einer Elterngeneration auf die nächste hat sich die Norm komplett gedreht hinsichtlich der Frage, wie viel Selbstverantwortung man Kindern zutraut. Zudem ist die westliche Gesellschaft heute generell angstfixiert, längst nicht nur die Eltern. Kriege, Seuchen, Arbeitslosigkeit, alles beliebig oft konsumierbar in TV und Internet – Angst ist wie ein Virus, ansteckend, mächtig und oft komplett irrational. Es liegt in der Natur der Sache, dass man sich immer vor dem Falschen fürchtet. Nach dem 11. September 2001 haben aus Angst vor Terroranschlägen deutlich weniger Menschen ein Flugzeug bestiegen. In der Folge ist die Zahl der Toten im Straßenverkehr deutlich gestiegen. Alleine in den USA waren es 1600 Verkehrstote mehr. Davor wiederum hatte niemand gesteigerte Angst.

Was die viel gescholtenen überbesorgten Eltern trösten könnte, ist, dass sie die vorerst letzten in einer langen Reihe sind. Schon immer standen Eltern unter Generalverdacht, alles falsch zu machen. Bereits Rousseau meinte im 18. Jahrhundert: »Die meisten Kinder haben schwer erziehbare Eltern.« Wichtiger aber ist, dass die eigentliche Zielgruppe – nämlich ihre Kinder – ganz zufrieden ist:

Eine Schweizer Studie ermittelte, dass 90 Prozent der Kinder und Jugendlichen sich in ihrer Familie wohl fühlen. Trotz – oder vielleicht sogar wegen? – des unablässigen Kreisens der Eltern um den Nachwuchs.

»Ich springe jetzt ru-hunter!«, brüllt Ole. Er steht an der Kante der Ritterburg, von wo die Leiter herabgeht. Mit einem großen Satz hüpft er in den Sand und rollt sich ab. Die Helikoptermutter wird bleich um die Nase und stürmt zu ihm.

»Um Gottes willen! Hast du dir weh getan?«

»Nöhööö«, sagt Ole und will sich aufrappeln. Die Mutter hält ihn zurück. Das muss nichts heißen, weiß die Helikoptermutter. Es könnte sogar ein schlechtes Zeichen sein, denn wenn Kinder nicht sofort losweinen, könnte das eine ernsthafte Gehirnerschütterung sein. Sie macht jetzt das, was sie im Ernstfall machen würde – das volle Programm:

Sind noch alle Zähne drin, hat er sich die Zunge abgebissen? Nein.

»Kannst du deine Beine noch bewegen?« Ole schlackert mit den Beinen. Okay, kein Splitterbruch.

»Mach mal die Augen zu. Und jetzt wieder auf.« Die Helikoptermutter prüft, ob die Pupillen auf das Licht reagieren. Würden sie groß bleiben, müsste sie ins Krankenhaus fahren. Sie werden aber durch das Licht kleiner.

»Soll ich mal zur Sicherheit den Kinderarzt anrufen?«, fragt sie, während sie Ole einen Kühlakku an die Schläfen hält.

»Ach, da ist doch nichts«, sagt die aus dem Dachgeschoss, die danebensteht. »Das war doch gerade mal ein

Meter. Wenn ein Kind eine Höhe springt, die so hoch ist wie es selbst, passiert nichts. Das weiß doch jeder.«

»Ab 30 Zentimetern kann ein Sturz tödlich sein!«

»Aber doch nicht in den Sand!«

Kuegelchen23 nimmt die Helikoptermutter in den Arm: »Du brauchst dir keine Vorwürfe machen, das passiert jedem mal.« Dann drückt sie sie sanft. »Du musst Ole jetzt in den Arm nehmen, statt da schulmedizinisch …«

»Hier, ich hab ein Pflaster«, unterbricht sie die Bloggermum, die das Ganze beobachtet hat. Ole blutet natürlich nicht, er hat sich ja nicht mal weh getan, aber mit einem Pflaster, findet die Bloggermum, kann er sich wie ein kleiner Held fühlen, der ein aufregendes Abenteuer bestanden hat. »Schau mal, da sind Dinos drauf. Und es passt sogar farblich zu deiner Jacke.«

16 Uhr: Die Disziplinfanatikerin

Den Rüpel mit dem grünen T-Shirt hat die aus dem Dachgeschoss schon eine Weile im Visier. Erst hat er die Kleineren von der Schaukel geschubst, dann ist er mit einem Ast in der Hand über den Spielplatz gerannt, den er wie ein Maschinengewehr unter den Arm geklemmt hat, und hat gebrüllt: »Ich töte euch alle! Tatataatatatatat!«

Der Mutter dieses Spielplatzschrecks scheint das egal zu sein. Sie unterhält sich blendend mit einer andern Mutter, während ihr verzogener Fratz Furcht und Schrecken unter den anderen Kindern verbreitet. Wie man so nachlässig sein kann, denkt die aus dem Dachgeschoss. Sie sitzt auf der Bank, mit Perlohringen, die in der Sonne blitzen, die Reiterstiefel frisch gewienert, und schaut sehr wachsam nach vorne.

»Nicht Nasebohren!«, ruft die aus dem Dachgeschoss ihrem Friedrich über den halben Spielplatz zu, der sich gerade an der Rutsche mit den anderen Kindern drängelt – und dies durchaus erfolgreich, denn er hat schon zwei andere überholt. So sehr sie die Nachmittage auf dem Spielplatz anöden, die Kinder lernen immerhin, wie man seinen Platz in der Welt behauptet.

Charlotte hat sich in ihrer rosa Kaschmirstrickjacke gerade zu ihrer Freundin Greta gesetzt, die sie von der gemeinsamen Tagesmutter kennt. Mit dem Rechen malt sie ein paar Linien in den Sand. Das andere Mädchen steckt kleine Stöckchen zwischen die Linien. Da rennt der Junge im grünen T-Shirt einfach durch das Muster.

»Heeee!«, schreien die Mädchen empört auf.

Der Junge lacht laut, dreht sich um und wirft eine Handvoll Sand nach ihnen. »Booouummm! Das war die Handgranate.«

Einsatz für die aus dem Dachgeschoss. »Hey, junger Mann!«, brüllt sie, stürmt auf den Jungen zu und packt ihn am Arm. »Calme toi! Hör sofort auf damit! Mit Sand schmeißen ist verboten!« Sie schimpft wild gestikulierend auf ihn ein und zeigt auf die Strickjacke: »Das ist Handwäsche!«

Nachdem der Junge wie ein geprügelter Hund weggeschlichen ist, geht sie zur Mutter, die von der Szene mal wieder nichts mitbekommen hat. »Ich habe gerade ihren

Job gemacht und ihrem Sohn erklärt, dass sein Fehlverhalten auf dem Spielplatz Konsequenzen hat. Er bekommt heute Abend keine Gutenachtgeschichte und kein Eis auf dem Heimweg.« Mit diesen Worten dreht sie sich um und stapft wütend von dannen.

Strafe muss sein. Da ist die aus dem Dachgeschoss eisern. Und in guter Gesellschaft. Ein Drittel der deutschen Eltern befürworten eine strenge Erziehung. Das fand die Elternzeitschrift *Nido* in einer Umfrage heraus. Es ist ein erstaunliches Comeback. Nach den Kinderladen-70ern (»Muss ich heute wieder spielen, was ich will?«) schien diese Rückbesinnung so unwahrscheinlich wie eine Reunion der Beatles in Originalbesetzung.

Die Rückkehr der Strenge hat in Deutschland zwei sehr unterschiedliche Gesichter. Da wäre einmal ein älterer Herr, der eine auffällige Ähnlichkeit mit Mr Burns aus den *Simpsons* hat, dem despotischen Chef des örtlichen Atomkraftwerks. Bernhard Bueb heißt der Mann und ist der ehemalige Leiter des Elite-Internats Salem am Bodensee. Seine 2007 erschienene Streitschrift *Lob der Disziplin* war das kontroverseste Buch über Erziehung seit Alexander Summerland Neills *Summerhill*, dem großen Klassiker der Reformpädagogik. Während im englischen Internat Summerhill Kinder eine beispiellose Freiheit genießen – sie dürfen etwa selbst entscheiden, ob sie zum Unterricht kommen oder nicht –, ließ Bueb in Salem regelmäßig Urinproben nehmen, um zu testen, ob die Schüler in ihrer Freizeit heimlich kifften. Buebs Buch war dementsprechend ein rigoroses Plädoyer dafür, wieder mehr Erziehung, Autorität und Disziplin in die pädagogische Kultur aufzunehmen. Strenge und Härte ohne Debatten empfahl Bueb den Eltern als Leitlinie – und natürlich gegebenenfalls auch Strafen. »Deutschlands strengster Lehrer« taufte ihn die *BILD* ehrfürchtig und veröffentlichte gleich eine ganze Serie mit Erziehungstipps des pensionierten Disziplinmoguls.

Man kann die neue Sehnsucht nach Strenge als Ausdruck eines neokonservativen Zeitgeists deuten, aber auch als Zeichen von Orientierungsmangel und Unsicherheit. Was, wenn die Kinder die Schule nicht schaffen? Wenn sie sich in der Welt da draußen nicht zurechtfinden, die sich immer stärker in Gewinner und Verlierer aufteilt? Da kommt jeder Experte gelegen, der ein Patentrezept zur Hand hat, wie man die Kleinen auf Kurs bringt.

Neben Bernhard Bueb war das jahrlang eine Frau mit hochhackigen Schuhen und strenger Frisur, die energisch einen Rollkoffer hinter sich herzog, wenn sie auf dem Weg zu einer neuen Mission war: Katharina Saalfrank, ihres Zeichens RTL-Supernanny. Die Diplompädagogin war eine Disziplinfanatikerin reinsten Wassers. Wenn sie für zwei Wochen in RTL-taugliche Familien kam, die mit ihren Kindern heillos überfordert waren, sagte sie keinen Satz ohne Anführungszeichen. »Stopp!« »Sofort!« »Keine Diskussion!« Die erste Maßnahme der Supernanny bestand in der Aufstellung klarer Regeln: Kinder müssen folgen, Eltern müssen sich um die Kinder kümmern, und alle müssen sich an die Regeln halten, die die Supernanny auf einen Zettel an die Wand gepinnt hat. Zu den einem breiten Publikum nachhaltig in Erinnerung gebliebenen Erziehungsmaßnahmen zählte die stille Treppe. Wenn

Kevin oder Joshua mal wieder die Jennifer umgehauen hatte oder sonst wie ausgetickt war, musste er sich fünf Minuten still unter die Treppe stellen oder, falls es keine Treppe gab, weil nicht im Reihenhaus, sondern in der Etagenwohnung gedreht wurde, sich auf »den stillen Stuhl« setzen. Die Idee: Hier sollte der Unhold zur Besinnung kommen. Das Resultat: Die Kinder lernten, dass sie jeden erdenklichen Unsinn anstellen können, wenn sie nur anschließend fünf Minuten die Klappe halten und nichts tun.

So groß die Debatte um das quotenträchtige Format war, so laut war auch die Empörung bei Erziehern und Pädagogen. Die Strenge war wieder ein Thema in alltäglichen Erziehungsfragen.

»Weg von der Wasserpumpe!« Die aus dem Dachgeschoss flitzt zu Friedrich rüber, der sich gefährlich nahe Richtung Schwengelpumpe bewegt hat. Hier herrscht im Sommer ein übles Sumpfgebiet. Schlammverkrustete Kinder tragen Eimer mit Wasser durch die Gegend, schütten ihn in den Sand und bauen Staudämme aus dem zähflüssigen Matsch. Schon vier Mal musste die aus dem Dachgeschoss Friedrich da wegholen. Wasser hat eine geradezu magische Anziehungskraft auf Kinder. »Das ist Dreckwasser, damit spielen wir nicht«, ruft sie. Dreck ist nicht ihr Ding – nirgendwo.

Strenge ist stressig. Im Grunde ist sie ein Fulltime-Job. Das weiß niemand besser als die aus dem Dachgeschoss. Schon ein simples gemeinsames Abendessen besteht aus einer Aneinanderreihung von Anordnungen: Nicht mit dem Essen spielen, nicht das Brot auf den Boden werfen, gerade sitzen, nicht mit vollem Mund sprechen, nicht dazwischenquatschen, danke und bitte sagen, nicht mit den Händen, sondern mit Messer und Gabel essen, nicht aufstehen, bevor man nicht aufgegessen hat, nach dem Essen den Teller wegräumen, nein, heute keine Schokolade zum Nachtisch, die gibt's nur samstags ... Immer wieder, jeden Abend. Das Schlimmste: Man muss sich selbst dran halten. Den Tisch aufräumen, sobald man aufgegessen hat, obwohl man eigentlich erst mal nur ermattet aufs Sofa plumpsen will, ist da noch die kleinste Herausforderung.

»Mama, ich hab Hunger!« Theresa kommt angelaufen. Die aus dem Dachgeschoss unterhält sich gerade mit der Mutter von Greta. Greta sitzt neben ihnen und isst Kekse. Theresa schaut sie mit großen Augen an. »Haben wir auch Kekse?«

Gretas Mutter beginnt in ihrer Tasche zu wühlen. Da verengen sich bei der aus dem Dachgeschoss die Augen zu schmalen Schlitzen, fast wie bei der Saalfrank aus dem Privatfernsehen. »Madame! Du weißt ganz genau, dass bei uns zum Thema ›Kekse als Zwischenmahlzeit‹ Zero-Tolerance gilt.«

»Menno«, sagt Theresa.

»Erst um 16 Uhr gibt es wieder was zu essen.«

»Will aber ...«

»Wenn du weiter quengelst, gibt es erst um 17 Uhr wieder was. Das sind die Regeln.«

Theresa zieht eine Schnute und trollt sich zu Friedrich, der fasziniert zuschaut, wie der Junge mit dem grünen T-Shirt den Inhalt der Tasche seiner Mutter in den Sand kippt und sie dann hinter sich her quer über den Spielplatz zieht. Dann schnappt er sich die Wasserflasche, schüttelt sie und spritzt den Inhalt direkt auf die Schaukel.

Die aus dem Dachgeschoss rutscht unruhig auf der Bank hin und her, als sie das sieht. Wehe, ihr Mann fragt sie heute Abend, was sie den ganzen Tag so gemacht habe. Während er genervt in Meetings herumsitzt, malt er sich aus, wie gemütlich es sein muss, sich am Rande der Sandkiste über die neue Herbstkollektion von Baby Dior zu unterhalten. In Wirklichkeit leistet sie hochkonzentrierte Arbeit. Sie vergleicht sich immer mit einem Fußballtorhüter. 90 Minuten steht er im Kasten und damit am Rand des Spielfeldes, aber in den entscheidenden Momenten muss er präsent sein und liefern. Am Ende entscheidet er das Spiel. Bei Müttern ist das nicht anders. Sie sitzen am Rand des Spielplatzes, aber sie tragen die ganze Verantwortung. Auch sie sitzen im vom legendären Oliver Kahn so oft zitierten »TUNNEEEEL«. Sie sorgen dafür, dass ihre Kinder unversehrt, ohne besondere Zwischenfälle und gut erzogen durch den Tag kommen. Sie müssen auf alle Eventualitäten vorbereitet sein. Alle Worst-case-Szenarien sind sie vorher im Kopf durchgegangen. Kahn gab in Interviews an, um seine Konzentration zu halten, schaue er während des Spiels nur auf den Ball. So macht es die Dachgeschossmutter auch. Sie unterhält sich, aber ihr Blick weicht nicht von ihren Kindern. Ungerecht findet sie, dass den Titan am Ende eines Spiels niemals einer gefragt hätte, was er denn die ganzen 90 Minuten so gemacht habe. Gemütlich auf der Wiese gestanden?

Theresa hat sich mittlerweile einen Bagger geschnappt, der irgendwo im Sand liegt, und spielt Baugrube. Die Dachgeschossmutter kommt. »Das ist nicht dein Bagger. Ich möchte, dass du ihn sofort zurückbringst. Außerdem gehen wir jetzt.«

»Warum?«

»Weil wir jetzt losmüssen!«

»Wieso?«

»Wenn das nicht klappt, gehen wir nie wieder auf den Spielplatz.«

Der Spielplatzschreck im grünen T-Shirt hat jetzt einen Kumpel entdeckt, der ein Angry-Birds-T-Shirt trägt. »Wir reißen die Kinder in Stücke und schmeißen sie in den Mülleimer«, sagt er.

»Ja, und dann essen wir sie alle auf.«

Ein Mädchen beginnt zu weinen. Ein anderer Junge rennt vor Angst zu seiner Mutter. Die aus dem Dachgeschoss merkt das schon nicht mehr. Sie hat den Bugaboo voll beladen und kurvt zur Tür raus. Theresa muss zum Flötenunterricht. »Tschüs, du Arschloch«, ruft ihr der mit dem grünen T-Shirt hinterher und rülpst laut.

18:13 Uhr: Quality Time

»Tack. Tack. Tack. Tack.« Die Absätze der Karrieremutter klacken im schnellen Stakkato über die Pflastersteine. Um Punkt 18 Uhr verlässt sie mittwochs und freitags jetzt das Büro. Da komme, was wolle. Denn ab da ist reserviert für sie und ihre Tochter, für etwas »Quality Time«. Ihre kinderlosen Kollegen und Kolleginnen haben sich dafür

schnell ein breites Repertoire an Verabschiedungssprü-
chen zurechtgelegt. Sie reichen von »Na, einen halben Tag
freigenommen?« über »Mutti geht zum Nähkurs« oder
»Schon wieder Elternabend?« bis zu »Ist dein Kind
krank?«. Manchmal piksen sie die Sprüche wie ein zu
schnell abgezogenes Kinderpflaster. Die 18-Uhr-Tage sind
doppelt so anstrengend wie die normalen Arbeitstage –
jedenfalls fühlt sich das so für sie an. Manchmal träumt
sie davon, wie es früher war im Büro. Da ging sie, wenn
die Arbeit wirklich erledigt war, und nicht dann, wenn
die Arbeit fertig sein musste, weil die Erzieherin in der
Kita das so wollte.

Da war dieses alarmierende Elterngespräch. Mila habe
auf die Frage, wie ihre Mutter heiße, »Katja« geantwortet,
teilte man ihr mit. Katja heißt die Babysitterin, die Mila,
seit sie acht Monate alt ist, meist zur Kita bringt und dort
auch immer abholt.

Seitdem hat sich die Karrieremutter den gleichen Vor-
satz gesetzt wie Sheryl Sandberg, die Facebook-Geschäfts-
führerin: Wenn sie nicht auf Reisen ist, wird zusammen
mit der Familie Abend gegessen. Koste es so viele Taxis
und blöde Blicke der Kollegen, wie es wolle.

Mittwochs und freitags ist jetzt also ab 18 Uhr Quality
Time angesagt. Der Begriff tauchte erstmals 1973 in einem
Artikel einer amerikanischen Zeitung auf, zu einer Zeit,
als Work-Life-Balance noch ein Fremdwort war und man
fest an eine Vereinbarkeit zwischen Familie und Beruf
glaubte – weil die Frauen schlichtweg zu Hause blieben.
Bei der Quality Time ist nicht die Menge der mit den Kindern verbrachten Zeit entscheidend, sondern das, was

man in dieser Zeit anstellt. Sie soll dazu dienen, die Eltern-Kind-Beziehung zu festigen. Ob mit Vorlesen, Kochen oder ins Museum gehen, ist dabei nebensächlich. Heute hat sie Spielplatz als Termin in den Kalender ihres Smartphones eingetragen. Dort müssten sich Mila und Katja bereits seit zwei Stunden amüsieren. Sonderlich vermissen wird sie keine der beiden.

Die Karrieremutter lässt ihren Blick über das rappelvolle Gelände schweifen. Hier geht es zu wie in einem japanischen Freibad, in dem man vor lauter Menschen kein Wasser mehr sieht. Wenn sie wenigstens wüsste, was Mila heute anhat. Doch als sie sie heute Morgen der Babysitterin übergeben hat, steckte sie noch in einem rosageblümten Schlafanzug. Die Suche geht ihr auf die Nerven – alles kostbare Minuten, die einfach verschwendet sind. Jedes Mal dasselbe – das muss besser organisiert werden, denkt sich die Karrieremutter. Sie zückt ihr Handy und tippt eine Notiz. In Zukunft soll die Babysitterin ihr Mittwoch- und Freitagmorgen über WhatsApp ein Foto von Mila schicken, damit sie weiß, nach welchem Outfit sie auf dem Spielplatz suchen muss.

Vielleicht hat Mila ja heute die rote Mütze auf. Die Karrieremutter scannt den Spielplatz ab.

Da tippt ihr eine sandige Hand aufs Jackett. »Schau mal, wer da ist!«, ruft die Babysitterin in Feierabendlaune. Als sie ihre Mutter sieht, fängt Mila bitterlich an zu weinen und umklammert das Bein der Babysitterin.

»Mila, deine Mama ist da.«

»Hmmmmmmpff...«

Die Karrieremutter geht auf die Knie und schaut ihrer Tochter in die Augen. Das macht die Babysitterin auch immer so.

»Hallo Mila. Wie war dein Tag?«

Mila steckt ihren Kopf unter den Rock der Babysitterin, die für sie antwortet: »Zu Mittag gab es Lachs-Spinat-Lasagne. Sie hat nicht geschlafen, und ich bekomme 40 Euro.«

»Okay, danke. Kannst du morgen schon um sieben kommen? Wir haben um acht ein wichtiges Meet…«

In diesem Moment realisiert Mila, dass die Babysitter-zeit zu Ende ist, und schaltet in den fünften Schreigang. Das schrille Schreien geht in ein spitzes Kreischen über. Eigentlich wollte die Mutter noch die neue Foto-vom-Spielplatz-Look-Regel durchgeben, aber dafür ist es jetzt zu laut. Die Karrieremutter weiß, dass sie die nächsten Minuten nur mit einer Krankenhausladung Gummibär-chen überstehen wird. Resigniert öffnet sie ihren großen Ledershopper und fischt eine Handvoll Gummibärchen heraus.

»Schau mal, was die Mama dir mitgebracht hat.«

Mila ist für einen Moment ruhig. »Also bis morgen um sieben«, ruft Katja und lässt Mutter und Tochter zurück. Sie weiß nicht, welche von beiden trauriger aussieht. 37 Minuten sind es noch netto, rechnet sich die Karriere-mutter aus. Danach kommen Nachhauseweg, Abend-essen, Ausziehen, Zähneputzen und ins Bett bringen. Das alles zählt aber nicht als Qualitätszeit.

Die Karrieremutter hat sich daran gewöhnt, dass sie an solchen Tagen eigentlich nie richtig auf dem Spielplatz ankommt. Sie landet dort jedes Mal mit einer Vollbremsung. Physischer Ausdruck ihres Inneren sind die Pumps, mit denen sie im Sand versinkt. Schon ihr Outfit sagt: Rabenmutter. Bleistiftrock, Pumps und Jackett – das ist nicht gerade spielplatztauglich. Sie ist umgeben von Eltern in Funktionsklamotten, mit denen man hohe Berge besteigen oder tagelang in der Wildnis überleben könnte, aber sicher nicht ins Büro gehen. Dann gibt es da die Bullerbü-Eltern: Mütter, Väter, Kinder, alle in den gleichen Streifenhemden und bunten Stricksachen. Ob das die Aboprämie der *Nido* ist?, fragt sich die Karrieremutter. Sie ist ein Exot. Aber umziehen kostet Zeit. Und davon hat sie immer zu wenig, egal, wie schnell sie rennt.

»Hast du schon geschaukelt?«

»Hmmmm.«

Die Karrieremutter versucht das Geräusch zu deuten. Klingt eher so, als habe Mila schon geschaukelt.

»Magst du noch rutschen?«

»Hmmmff.«

Die Tonkurve ging merklich nach unten. Wahrscheinlich will sie nicht, vermutet die Karrieremutter.

»Im Sand spielen?«

»Hmmmhhh.«

Das wiederum klang so kraftlos-desinteressiert, dass sie nicht noch mal nachhaken will, ob das jetzt eine Option sei.

»Komm, wir gehen wippen!«

Mila trottet ihrer Mutter hinterher zur Wippe. Dort schaukeln zwei Vierjährige wild hoch und runter. Die Karrieremutter baut sich vor ihnen auf und verschränkt die Arme. Nach 17 Sekunden sagt sie: »So, jetzt sind wir mal dran.« Die Kinder schauen irritiert. »Wir warten schon die ganze Zeit«, setzt die Karrieremutter nach. Die Kinder wollen protestieren, aber da schiebt die Karrieremutter den einen Vierjährigen von der Plastikschale und hebt Mila darauf. Dort wartet sie mit hängenden Schultern und fragenden Augen darauf, dass sich ihre Mutter gegenübersetzt. Wenn das nur so leicht wäre. In dieser Montur geht das natürlich nicht – der Bleistiftrock sitzt zu eng. Gut für Konfi-Stühle, schlecht für Wippen. Im Damensitz ginge es, denkt die Karrieremutter, das sieht aber noch merkwürdiger aus. Deshalb lässt sie das mit dem Sitzen und stemmt den Balken mit den Armen runter. Das Kostüm spannt dabei am Rücken, aber sie weiß nicht, wo sie das Jackett jetzt ablegen sollte. Irgendwo ist sicher der Kinderwagen. Da könnte sie es hinbringen, aber bis sie ihn gefunden hätte, hätten die Jungs von vorher Mila garantiert wieder von der Wippe geschubst. Dann eben weiter so. Nach fünf mal hoch und runter huscht Mila ein schmales Lächeln über die Lippen. Die Karrieremutter freut sich. Hat ja heute gar nicht so lange gedauert, bis sie warm wurden. Der ganze Stress, die Hektik im Büro – schon fast vergessen.

Sie wippen noch zwei Mal, dann fragt Mila: »Gehen wir bald nach Hause?«

Donnerstag

11:15 Uhr: Die Gähnologen

Objektiv gesehen passiert auf dem Spielplatz vormittags oft gar nichts. Subjektiv gesehen auch. Jedenfalls fühlt es sich für den Neodad heute so an. Die meisten Kinder sind in der Kita, nur Benny nicht, weil er Läuse hat. Die wenigen anwesenden Eltern kämpfen mit der bleischweren Müdigkeit. Das Baby schläft im Kinderwagen, Benny sitzt auf der Schaukel. Der Neodad gähnt. Mechanisch schubst er ihn an. Schon seit Minuten. Monumentale Ereignislosigkeit.

»Papa, ich mag runter.« ... »Paaapa!« ... »Runter – jetzt! Lass mich runter!!«

Neodad schubst weiter an der Schaukel. Hin und wieder sagt er routiniert: »Hui.« Das regelt der Autopilot. Irgendwie sind seine Gedanken gerade verrutscht. Ein typischer Fall von verpeilter Müdigkeit. Die Symptome: Abwesenheit, Konzentrationsschwäche, Vergesslichkeit, dazu eine latente Verunsicherung.

Viel Schlaf hat der Neodad in letzter Zeit nicht abbekommen. »Jetzt musst du die Nächte machen«, hat seine Frau am ersten Tag seiner Elternzeit gesagt. Alleine. Bis dato durfte er nachts auf die Couch, während seine Frau das Baby versorgt hat.

Die Nächte machen heißt: vorm Zubettgehen das Fläschchen vorbereiten (sieben Löffel Milchpulver abmessen und ins Fläschchen geben, 210 Milliliter abgekochtes, handwarmes Wasser in die Thermoskanne füllen; beide neben dem Bett deponieren). Jetzt folgt das Einschlafritual, das immer gleich und mit der Präzision eines neurochirurgischen Eingriffs durchgeführt wird. Schon minimale Abweichungen können über Erfolg oder Misserfolg der Operation entscheiden. Los geht es mit einem Bad mit Lavendelaromen, damit das Baby schon mal zur Ruhe kommt. Dann wird es im Schlummerlicht der Hasenlampe gewickelt. Da soll das Baby merken, dass die Nacht beginnt. Die vier Zähnchen werden geputzt, mit der Zahnpasta ohne Fluor, danach wird die Fluortablette, auf einem Teelöffel Wasser vorsichtig balancierend die Oberflächenspannung des Wassers nutzend, in den Mund geschoben. Das geht nicht ohne Tränen, muss aber sein, denn es gibt nichts Besseres zur Kariesprophylaxe als Fluortabletten. Zur Babyberuhigung folgt dann eine kurze Runde Babymassage. Als Erstes der Schmetterlingsgriff, den der Neodad gelernt hat, als er seine Frau einmal zum Babymassage-Kurs begleitet hat: Rechte Hand von links oben über den Babybauch nach rechts unten streichen, dann die linke Hand von rechts oben nach links unten – und noch mal, noch mal und noch mal. Dann das Wasserrad: Im Uhrzeigersinn mit den Handkanten über den Bauch streichen, rhythmisch und rund. Die Beinchen sind angewinkelt, so dass sich die Bauchmuskulatur entspannt. Zum Abschluss, so hat es die Kursleitern beschrieben, spazieren die Fingerspitzen von oben nach unten über die Bauchdecke. Da werden einige Luftbläschen entweichen, lächelte sie vielsagend. Die Wirkung des Spaziergangs sei dann oft hörbar.

Das Einschlafritual selbst ist eine Mischung aus Erfahrung und Aberglaube. Den Babys soll die Wiederkehr des Immergleichen helfen, in den Schlaf zu finden, den Erwachsenen muss es Hoffnung geben, dass das auch irgendwann passiert, selbst wenn es sich endlos lang anfühlt. Hin und wieder wird das Einschlafritual vorsichtig modifiziert. In den ersten Monaten haben seine Frau und er das Kind gepukt, also in einen dieser engen Schlafsäcke gewickelt, die das Baby an den Bauch der Mutter erinnern soll. Dazu gab es fünf Einschlaf-Globuli. Davon sind sie nun weg. Jetzt legt der Neodad sich mit dem Baby hin, gibt ihm das Fläschchen und summt ihm »La Le Lu« vor. Dabei hält er mit der rechten Hand die linke Hand des Babys. Wenn er da so etwas verkrümmt im Bett liegt, verschwimmt allmählich sein Zeitgefühl: Wie lange summt er schon? Wird das Baby jemals einschlafen? Wird er es aus dem Zimmer schaffen, wenn es eingeschlafen ist, ohne es dabei wieder aufzuwecken?

Gar nicht selten bleiben diese Fragen unbeantwortet. Denn während er darüber in unbequemer Haltung nachdenkt, schläft er oft selbst ein. Wenn das Baby dann ein paar Stunden später zum ersten Mal wieder aufwacht, fährt er nervös hoch. Jetzt muss es so schnell gehen wie beim Boxenstopp in der Formel Eins – nur dass dieser hier im Dunkeln ausgeführt wird: Wasser zum Milchpulver schütten, gut schütteln, das Baby aus dem Bett holen und ihm die Flasche in den Mund schieben. Nun heißt es hoffen – dass es trinkt, dass es danach wieder einschläft und dass es nicht wieder aufwacht, wenn der Neodad es supervorsichtig ins Babybay zurücklegt und auf Zehenspitzen aus dem Zimmer schleicht, immer den knarzenden Dielen ausweichend. Wo die sind, hat er tagsüber ein paar Mal ausprobiert. Er ist inzwischen geradezu ein Pfadfinder des Knarzens. Jetzt muss er die Fläschchen ausspülen, noch mal mit sieben Löffeln Milchpulver und 210 Millilitern Wasser füllen und vor allem hoffen, dass er selber wieder einschläft. Mindestens zwei Mal geht das so pro Nacht. Kaffee kann da tags darauf nichts mehr retten.

»Hallo!« Die Bloggermum kommt reingeschoben, die pinken Birkenstocks Ton in Ton zum Nagellack. Futura sitzt im Bugaboo und gähnt.

»Und?«, fragt die Bloggermum.

»Na ja. Schon schlimm.«

»Wie oft?«

»Drei Mal heute Nacht. Bei dir?«

»Alle anderthalb Stunden.«

»Puh.«

»Wann ist sie aufgewacht?«

»5 Uhr 30.«

»Wusstest du, dass die Japaner ein Wort für Tod durch Schlafmangel haben?«

»Nee. Echt?«

Kleine Kinder sind polyphasische Schläfer. Sie schlafen nicht unbedingt weniger, sondern sogar deutlich mehr als ihre Eltern – nur eben nicht dann, wenn die schlafen wollen. Eltern sind nämlich monophasische Schläfer und schlafen lieber am Stück als in Etappen. Weil das überhaupt nicht zusammenpasst, kennen sie mindestens so viele Formen der Müdigkeit wie Franzosen Käsesorten. Sie sind die Connaisseure der Schlaflosigkeit. Da wäre die paranoide Müdigkeit, mit Stimmungsschwankungen, Schweißausbrüchen, Versagensängsten bis hin zu leichten Wahnvorstellungen. Oder die psychedelische Müdigkeit: eher verschroben, schwindelig und ein bisschen gleichmütig; man akzeptiert, nicht Herr der Lage zu sein. Es gibt aber auch die euphorische Müdigkeit, eine lustvolle Form der Übernächtigung. Die hält immer nur ein paar Minuten – ein aufgekratztes übernächtigtes Glücksgefühl, das so unvermutet aufblitzt wie eine Sternschnuppe am Abendhimmel. Aber leider auch oft nur so kurz ist. Banaler sind Formen der Müdigkeit mit direkten körperlichen Folgen, etwa die brennende Augen-Müdigkeit, die Ziehende-Kniekehlen-Müdigkeit, die Kopf-drückt-als-hätte-man-ein-enges-Stirnband-auf-Müdigkeit oder die Magenschmerzen-Müdigkeit, die besonders gemein ist, weil dann nicht mal mehr Kaffee, der treue Freund der müden Eltern, trösten kann. Eltern sind praktizierende Gähnologen.

Die Formen der Müdigkeit verändern sich mit dem Alter des Kindes. Die Neugeborenen-Müdigkeit hat noch etwas Stolzes, schließlich glüht man bei aller Erschöpfung noch vor Glück. Etwas Einmaliges ist passiert: Ein Kind ist zur Welt gekommen. Auch wenn der Kopf schwer vom Schlafentzug ist, rauscht ein flirrendes Hochgefühl durch die Synapsen, ähnlich wie früher, wenn man aus dem Club oder der Kneipe ins Sonnenlicht des neuen Tages stolperte.

Diese Leichtigkeit der ersten Tage ist dann längst dahin, wenn die Kind-kriegt-Zähne-Müdigkeit einsetzt. Dann hat man schon ein halbes Jahr durchwachte Nächte und anstrengende Tage im Kreuz, die Kraft ist längst am Schwinden und man hangelt sich von Minute zu Minute durch den Tag, der plötzlich nicht mehr 24 Stunden hat, sondern viel mehr.

Zu den hinterfotzigsten Varianten gehört die Elternzeit-zu-Ende-Müdigkeit. Da ist man wieder zurück im Job. Und eigentlich sollte das Kind schon längst durchschlafen, wie es immer heißt, was auch immer das genau bedeuten soll. Die Aufgaben, die man schon hundertmal bewältigt hat, bekommt man mit aller Konzentration und eisernem Willen noch irgendwie gestemmt; das packt der Autopilot noch. Aber jede neue, unvorhergesehene Situation stellt ein massives Problem dar. Neue Kollegen, neue Aufgaben, ein Zwischenfall, auf den man spontan reagieren muss – so etwas kann für mittelschwere Panikschübe am Schreibtisch sorgen. Das Beste ist, wenn es einfach so läuft im Job – so wie immer.

Der andauernde Schlafmangel hat weitreichende gesundheitliche Folgen. Der Schweizer Schlafforscher Christian Cajochen hat die These aufgestellt, dass, wer zehn Nächte hintereinander weniger als sechs Stunden schlafe, stark beeinträchtigt sei; er befinde sich, was Leistungsvermögen, Reaktionsgeschwindigkeit, Gedächtnis und Urteilsvermögen angehe – also so ziemlich unsere gesamten geistigen Fähigkeiten –, in einem Zustand, als habe er ein Promille Alkohol im Blut. Eltern gehen also die ersten Jahre nonstop angedüdelt durchs Leben. Auf dem Spielplatz geht es gewissermaßen zu wie in einer Eckkneipe.

Der Neodad sitzt rückenkrumm im Sand. Er fühlt sich angenehm weich an. Links eine Schaufel, rechts ein Bagger. Benny hat ein paar Förmchen um sich herum aufgebaut und buddelt vor sich hin. Der Sand ist weich wie ein Bett ... Moment, ist das schon ein Fall von Astereognosie? Das ist die neuropsychologische Störung, bei der man die Dinge nicht mehr durch Tasten erkennt. Eine klassische Nebenwirkung des Schlafentzugs. Der Neodad schaut auf die Uhr: Fünf Minuten sind vergangen, seit sie von der Schaukel abgestiegen sind. Fünf Minuten! Er ist schockiert. Die Zeit fließt heute zäh wie Honig, sie weigert sich einfach, zu vergehen. Es ist quälend. Er hat alles schon gespielt, was ihm eingefallen ist. Sie waren auf der Schaukel, auf der Rutsche, auf der Dino-Wippe, sie haben Sandkuchen gebacken – und gerade mal 20 lächerliche Minuten sind seither vergangen. Er überschlägt im Kopf die Stunden, bis die Kinder endlich wieder im Bett sind und das Licht ausgeknipst wird – das ist so gegen 20 Uhr, wenn alles halbwegs nach Plan läuft. Noch neun lange Stunden. Das Ende dieser Schicht erscheint ihm unerreichbar weit entfernt.

In seiner permanenten Schlafnot hat sich der Neodad ein Müdigkeitsmanagement zusammengezimmert. Beispielsweise hat er sich angewöhnt, nur noch in kurzen Sätzen zu sprechen, idealerweise nur in Hauptsätzen. Hauptwort, Verb, Objekt, das muss reichen für die nächsten Jahre. Mit Relativsätzen oder Parenthesen liefe er Gefahr, sich in einem Labyrinth aus Worten zu verrennen, aus dem er nie mehr herausfände. Auch Fremdworte meidet er – zu groß ist die Gefahr, dass sich irgendwo auf der Strecke zwischen Sprachzentrum und Stimmbändern eine peinliche Diss..., äh, Störung ergibt. Nachdem er sich ohnehin nichts mehr merken kann – er hat ja durchgehend ein Promille im Blut –, vergisst er auch Namen, Arzttermine, Geburtstage, kitafreie Tage und jegliche Öffnungszeiten. Die, das hat er sich angewöhnt, fotografiert er mit seinem Handy ab. Leider weiß er nicht immer, welche er schon geknipst hat. Die einzige Lösung für sein vernebeltes Hirn: jegliche soziale Kontakte auf ein Minimum reduzieren. Sie sind zu anstrengend.

Der Neodad überlegt, ob er sich nicht einfach in den Sand legen sollte, wie im Urlaub am Strand. Seinen Kopf trennen fünfzig Zentimeter vom Sand, nicht viel. Vielleicht würde Benny einfach weiterspielen, wenn er sich kurz...

»Du sollst sagen.«

Neodad blickt auf. »Was?«

»Du sollst saaaaagen!«

»Was soll ich sagen, Benny?«

Neodad hatte nicht gehört, dass Benny ihn was gefragt hat. Ein klarer Fall von Fernfahrerkrankheit: der gefürchtete Sekundenschlaf.

»Du sollst sagen, was Pandabären essen?«

»Äh ... Bambus.«

In der Leistungselite gilt es als Statussymbol, mit wenig Schlaf auszukommen. Wer wenig schläft, hat mehr Zeit zu arbeiten, zu entscheiden, Wichtiges voranzuschieben. Benjamin Franklin, der uramerikanische Vorzeigeprotestant, war ein orthodoxer Frühaufsteher und verstand langes Schlafen gar als Gotteslästerung. Napoleon sagte, vier Stunden schlafe der Mann, fünf die Frau, sechs ein Idiot. Franz Kafka, tagsüber ein kreuzbiederer Versicherungsangestellter, schrieb nachts seine fiebrigen Parabeln. Um sich wach zu halten, machte er regelmäßig zehnminütige Nackt-Gymnastik-Pausen vor dem offenen Fenster. Vier Stunden, mehr brauche es nicht, sagt jeder zweite DAX-30-Manager, und von Politikern hört man das ebenfalls oft, wenn mal wieder nächtelange Koalitionsverhandlungen anstehen. Für Eltern ist der wenige Schlaf hingegen nichts Heroisches, nichts, womit man sich brüsten könnte, sondern bleischwerer, zermürbender Alltag. Kleine Kinder bedeuten Nonstop-Jetlag.

Eltern müssen sich mit den Kolateralschäden des Schlafentzugs rumschlagen, und das sind gar nicht so wenige. Man wird dicker, bekommt flackernde Augen, wächserne Haut, ein geschwächtes Immunsystem und, wenn man Pech hat, sogar Depressionen. Schlafmangel zieht Glukose aus dem Gehirn, vor allem aus dem Präfrontalkortex, in dem die Selbstkontrolle gesteuert wird. Insgesamt 711 Gene verändern sich durch Schlafmangel. Vor allem jene, die für Entzündungen, Immunantworten und Stressreaktionen verantwortlich sind und den Stoffwechsel steuern. Der Grund: Im Schlaf regeneriert sich das Hirn – es wird von Schadstoffen gereinigt. Schläft man dauerhaft zu wenig, warnen Wissenschaftler, drohen Krankheiten wie Alzheimer, Parkinson, Epilepsie und Migräne.

Das wäre alles vielleicht gerade noch so zu ertragen, wenn den Eltern nicht außerdem dauernd von irgendwelchen Experten eingeredet würde, dass es ihr eigenes Versagen sei, dass ihre Kinder sie nachts auf Trab hielten. Kinderärzte sagen, ab einem Körpergewicht von sechs Kilo brauche ein Kind nachts nichts mehr trinken. Gerne zitiert wird das Beispiel Frankreich; da kommen die Kinder nach zwei Monaten in ein eigenes Zimmer, und fertig ist die Nachtruhe.

Im Schlafzimmer tobt ein Kulturkampf: Auf der einen Seite stehen die Truppen der Schlafdisziplin-Armee, auf der anderen Seite die Attachment-Parenting-Brigade. Erstere schwören auf das Standardwerk *Jedes Kind kann schlafen lernen* von Annette Zahn-Kast, einer der erfolgreichsten deutschen Erziehungsratgeber. Wie üblich in dieser Buchgattung ist er vollgepackt mit Zahlen, Diagrammen, Listen, Tabellen und Powerpoints, was das Problem gleich gar nicht mehr so unüberwindbar, sondern überschaubar erscheinen lässt. Man muss es offenbar nur einfach angehen, abarbeiten und ertragen, dass das Kind jämmerlich schreit, ohne es zu trösten. Darauf kommt es nämlich an beim Schlafprogramm.

In der ersten Nacht soll man das Kind abends in sein Bett legen, die Türe schließen und die nächsten drei Minuten nicht reinkommen – egal, was passiert. Die nächste Nacht wartet man fünf Minuten, dann 10, schließlich 35 Minuten. Das Kind schreit, die Eltern stehen vor der Tür, warten und leiden. Sie wollen zum Kind, doch dann wäre alles umsonst. Da kennt das Schlafprogramm kein Erbarmen. Wenn sie wieder ins Zimmer dürfen, weil die Zeit um ist, müssen sie das Kind im Bett lassen. Streicheln und trösten ist erlaubt, es in den Arm nehmen nicht.

Nach sieben Nächten soll dann alles gut sein: Das Schreien ist weg. Das klingt nach einem biblischen Wunder, und tatsächlich hat das Schlafprogramm den Ruf eines Heilsversprechens. Das Kind kann nun alleine in seinem eigenen Bett schlafen. Es sei geferbert, wie man nach dem Bostoner Schlafforscher Dr. Richard Ferber sagt, der die Urform des Schlafprogramms erfunden hat. So ein Patentrezept verspricht übrigens nicht nur Ordnung und Klarheit, sondern auch Bucherfolge. Nach *Jedes Kind kann schlafen lernen* kam *Jedes Kind kann Essen lernen* und *Jedes Kind kann Regeln lernen*.

Die Attachment-Parenting-Fraktion sieht hingegen im Schlaftraining weniger eine göttliche Offenbarung als vielmehr eine unverantwortliche Höllenqual, die man in ihrer rigorosen Unnachgiebigkeit den Kindern nie und nimmer zumuten darf. Es grenzt in ihren Augen gar an Körperverletzung, wie man in den einschlägigen Foren in der üblich grellen Prosa liest. Sogar eine Initiative, die das Buch verbieten will, hat sich gebildet. Die Gründe für den Aufschrei sind vielfältig: Schlafprogramm-Kinder könnten im späteren Leben an Schlaf- und Bindungsstörungen, gemindertem Selbstwertgefühl und gar an psychosomatischen Krankheiten leiden. Sie seien weniger belastbar, neigten zu Depressionen und Angstzuständen, so die Gegner. Ohnehin hätten Kinder so wenig Zeitgefühl, dass sie die Länge der Intervalle nicht einschätzen könnten. Sie hätten während des Schreiens einfach nur schreckliche Angst.

Wer also Skrupel hat und kein Schlafprogramm durchzieht, muss dafür einiges auf sich nehmen. Eine Studie errechnete, dass ein Baby im ersten Jahr durchschnittlich zwischen 400 und 750 Stunden an elterlichem Schlaf koste. Meist trifft das ziemlich einseitig die Mutter. Wie sich das auf das Wohlbefinden auswirkt, haben amerikanische Psychologen um den Nobelpreisträger Daniel Kahneman erforscht. Mütter, die weniger als sechs Stunden pro Nacht schlafen, spielen in einer ganz eigenen Liga des Unglücks, fand das Team heraus und setzte das in Bezug zu einer ziemlich realen Bezugsgröße: Geld. Der Unterschied in ihrer Zufriedenheit zu denjenigen, die mehr als sieben Stunden pro Nacht haben, sei größer als der Unterschied zwischen einem Einkommen von 30 000 Dollar und einen Einkommen von 90 000 Dollar. Eine Stunde Schlaf mehr pro Nacht hat also den emotionalen Wert einer Verdreifachung des Jahresgehalts.

Aber auch den Schaden kann man beziffern. Alleine in den USA kosten Fehler und Unfälle, die auf ein Schlafdefizit zurückgeführt werden konnten, jährlich 56 Milliarden Dollar und verursachen 25 000 Todesopfer und 2,5 Millionen Verletzungen, hat der Neuropsychologe und Schlafforscher Stanley Coren errechnet. Die Katastrophe von Bhopal, als 1984 in einem Chemiewerk mehrere Tonnen giftiger Stoffe in die Atmosphäre gelangten, die Nuklearkatastrophe von Tschernobyl oder die Havarie der *Exxon Valdez*, die 1989 vor Alaska eine Ölpest auslöste – bei all diesen Katastrophen waren übernächtigte Arbeiter am Werk.

In seltenen Fällen fördert Schlafmangel aber auch kreatives Potenzial. Weil seine Tochter oft über Stunden nicht einschlafen konnte, dichtete der New Yorker Adam Mansbach ein Einschlafbuch für Erwachsene und landete mit *Verdammte Scheiße, schlaf jetzt ein* einen internationalen Bestseller. Alle anderen Eltern sind jedoch einfach nur reizbar, antriebs- und zunehmend willenlos.

»Papa, ich will ein Eis!«

»Aber es ist 11 Uhr morgens.«

»Mag aber jetzt Eis.«

»Später.«

»Eiiiiis!«

»Na gut.«

Der Neodad stellt Benny auf das Kiddyboard des Kinderwagens und rollt los Richtung Eisdiele. Die Förmchen vergisst er im Sand.

15 Uhr: Die Fernbeziehungsoma

»Oje, eine Oma«, denkt sich die Bloggermum, als die Zauntür quietscht und eine ältere Dame einen Kinderwagen auf den Spielplatz schiebt. Noch ist unklar, was das genau bedeutet. Denkbar wären zwei Szenarien: Ist es eine Profi-Oma, die ihr Enkelkind einmal die Woche von der Kita abholt, ist es nicht weiter schlimm. Sie sollte sich mit der allgemeinen Spielplatzetikette halbwegs auskennen: Nicht stundenlang die Schaukel besetzen, nicht alle Kinder mit Keksen mitfüttern, keine ungebetenen Ratschläge erteilen. Wesentlich nerviger ist die Fernbeziehungsoma, die ihren Enkel nur alle paar Monate sieht. Sie schaukelt die Kleinen in totaler Oma-Ekstase bis weit in die Abenddämmerung, sämtliche Einwände altersböse weglächelnd. Garantiert lässt sie die Spielplatztür offen, so dass die Kinder türmen können, wenn man mal eine Sekunde nicht schaut. Eine von der Sorte, die im Vierteljahrestakt mit einem *Omi 2013*-Aufkleber auf dem Kofferraum angerollt kommt, einen seltsamen Dialekt spricht und mit ihrem Ziehkoffer alle Regeln umstößt, die gemeinhin gelten. Das mit großen Hundeaugen hervorgebrachte »Ich sehe sie ja so selten« zieht als Argument für: Das Kind muss heute nicht in die Kita, darf Schokoladenpudding zum Frühstück essen und 37-mal hintereinander stadionlaut die Bums-Techno-Version von »Wer hat die Kokosnuss geklaut?« anhören. Kein Wunder, dass Kinder die Fernbeziehungsomas lieben – und die Eltern jedes Mal froh sind, wenn der Alltag danach mit nicht allzu vielen Diskussionen und »Bei Oma darf ich das aber« wieder funktioniert.

Die Bloggermum sitzt am Rande der Sandkiste. Futura, heute wie die Mutter in blauweißem Vichy-Karo, sitzt auf der Seersucker-Decke und wird mit einem Gläschen Möhrenbrei gefüttert. Vorsichtig führt sie jeweils eine Löffelspitze Brei in Richtung des verschmierten Babymunds, in der Hoffnung, dass sie da auch heil ankommt.

»Verdammt!«, flucht die Bloggermum. Futura hat sich verschluckt und kotzt einen neonorangen Batzen auf ihren Rock.

»Zwischen dem Füttern immer mal wieder auf den Po klopfen«, zwinkert ihr die Oma zu, die gerade an ihr vorbeikommt. »Mit Gallseife kriegen Sie jeden Fleck weg. Da schwöre ich drauf«, setzt sie nach.

Die Bloggermum schaut irritiert. »Ich weiß nicht, ob die in meiner Reinigung mit Gallseife arbeiten.«

Die Oma schiebt weiter. Das war ja komisch, denkt sie. Die Mutter hat ja das Gleiche an wie ihr Kind.

Eigentlich ist die Oma keine echte Oma. Sie hat keine geblümte Kittelschürze, keinen Dutt, keine Brillenkette. Statt Kreuzworträtsel macht sie Nordic Walking. Sie ist nicht rüstig, nein, sie ist fit. Wie in ihrer Generation üblich, bekämpft sie das Alter mit Gehirndoping, Antifalten-Creme, Haarefärben und, wenn es sein muss, ein paar kleinen kosmetischen Korrekturen. In Amerika würde man eine wie sie einen »Best Ager« nennen. Für die Enkelin ist sie schlicht die Oma.

Sie parkt den Kinderwagen und hebt die Zweijährige heraus, die sofort anfängt zu weinen. Die Oma nimmt sie in den Arm und versucht, sie zu trösten. »Schhhhhh, schhhhhh.« Die Enkelin plärrt weiter. Bestimmt fremdelt sie, denkt die Oma. Sie könnten sich ruhig viel öfters sehen. Was musste ihre Tochter zum Studieren auch so weit weg von zu Hause ziehen. Und zurück kam sie danach auch nicht mehr. Aber jetzt, wo sie selbst Kinder hat und wieder arbeitet, ist sie dankbar, wenn die Oma mal vorbeikommt und ihr hilft. Ist ja auch klar: Oma kostet kein Geld. Anders als Babysitter und Tagesmutter.

»Fuchs du hast die Gans gestohlen, gib sie wieder her«, summt die Oma. Ihr fällt gerade kein anderes Lied ein. Früher hatte sie natürlich ein größeres Repertoire, aber es ist auch schon so lange her, dass ihre Kinder klein waren. Dafür summt sie es extra langsam, vielleicht wirkt es dann ja beruhigend. Die Enkelin schluchzt leiser.

Kaum, dass sie sie in den Sand setzt, fängt sie wieder an zu brüllen. Bestimmt liegt das an dieser Kita, denkt die Oma.

Bei aller Eintracht zwischen den Generationen, in Erziehungsfragen herrschen unterschiedliche Ansichten. Etwa in der Kita-Frage. Kinder schon so früh abzugeben wäre für die Fernbeziehungsoma unmöglich gewesen. In der alten Bundesrepublik war üblich, dass man mit drei Jahren in den Kindergarten ging. Und das auch nur bis Mittag. Die Oma hat in dieser Frage ein breit gefächertes Portfolio an Vorurteilen: Niemand kann die Mutter ersetzen. Wie soll sich Urvertrauen ausbilden, wenn auf sieben Kinder eine Erzieherin kommt? Fehlt es da nicht an Liebe und Nähe? Die Kleinen können ja noch nicht mal nein sagen, wenn ihnen was nicht passt. Die Kitazeiten sind fast so lang wie ein Arbeitstag, und das dann auch noch jeden Tag. Wenn das mal gut ist ... Die Oma hat da ihre Zweifel. Wie ihre Enkelin schon aussah, als sie sie vorhin abholte: das T-Shirt übersät mit bunten Flecken verschiedenster Nahrungsmittel, blaue Flecken auf den Beinen, Schrammen an den Armen. Manchmal sehen die Kinder aus, als kämen sie nicht aus dem Kindergarten, sondern von einem paramilitärischen Trainingscamp. Sagen kann sie das ihrer Tochter freilich nicht. Es scheint heute ein unumstößlicher Konsens, dass Kinder in die Kita gehen.

Manchmal denkt die Oma darüber nach, was das für sie selbst bedeuten könnte. Wenn die Eltern heute schon keine Skrupel haben, ein kleines, süßes Baby in die verkeimte Kita zu stecken, werden sie wohl kaum Probleme haben, eine runzlige Oma in ein stinkendes Heim zu verfrachten. Nicht ohne Grund wird ja heute immer von der »betreuten Generation« gesprochen.

Aber noch wird sie gebraucht, die Oma. Das ist ein gutes Gefühl.

Denn die Oma ist ein demografischer Gewinner, zumindest, was ihre Rolle in der Familie angeht. Seit die Lebenserwartung steigt und zugleich die Geburtenrate rückläufig ist, ist ihre Wichtigkeit im Familienverbund gewachsen. Heute kommen auf mehrere Großeltern oft wenige Enkel. Für die wiederum sind dadurch die Großeltern deutlich wichtigere Bezugspersonen als in früheren Zeiten, als Oma und Opa sich noch um eine vielköpfige Schar Enkel kümmerten. Das generationenübergreifende Verhältnis ist heute entsprechend intensiver, als es früher der Fall war. Wohnt die Oma in der Nähe – und das tun in Deutschland immerhin 85 Prozent der Großeltern –, ist sie nicht selten der Teil der Lösung des sonst so unlösbaren Vereinbarkeitsdilemmas: von Mutter sein und arbeiten.

Die Enkelin hat sich endlich beruhigt. Sie sitzt im Sand und klopft mit der Schaufel auf die Förmchen, die die Oma vor ihr ausgebreitet hat. Neben ihr lässt ein Dreijähriger einen Keks in den Sand fallen. Die Mutter kommt herbeigestürzt und nimmt ihm sofort den Keks weg.

»Den kann man schon noch essen«, sagt die Oma.

»Besser nicht«, japst die Helikoptermutter.

»Doch, wirklich. Dreck reinigt den Magen. Ein Löffel Sand stärkt sogar das Immunsystem.«

»Aber nicht, wenn der Sand vorher als Katzentoilette genutzt wurde. Da kann Toxoplasmose übertragen werden.«

»Ach, Ihr Kind wird nicht sterben, wenn es den Keks wieder in den Mund steckt.«

»Na ja, am Staub vielleicht nicht. Aber vielleicht haftet am Keks noch Tierfell – dann können die Haare im Magen-Darm-Trakt verklumpen und einen Darmverschluss provozieren.«

Die Oma gibt auf. Sie erinnert sich, dass sie sich in dem Alter Sorgen über die Berufswahl ihrer Kinder gemacht hat. Ist vielleicht keine gute Idee, so alt noch schwanger zu werden, denkt sie und sagt: »Schönen Tag noch.«

Die Oma-Rolle kann man ganz unterschiedlich ausfüllen. Da gibt es die Großmütter, die gelegentlich zum Babysitten kommen oder aushelfen, wenn es mal einen Notfall gibt. Da gibt es jene, die regelmäßig einen Tag nach der Kita übernehmen. Und es gibt die, die die Enkel gleich die ganzen Ferien zu sich holen oder mit ihnen wegfahren. 30 Prozent der Großmütter betreuen ihre Enkel mindestens einmal pro Woche, sogar 60 Prozent tun das immerhin ab und zu. Großväter engagieren sich im Vergleich dazu etwas weniger: ein Viertel regelmäßig, die Hälfte hin und wieder. Deshalb sind Oma und Opa sogar ein wichtiger Faktor in der Bevölkerungsentwicklung, wie die Wissenschaft herausgefunden hat. Paare, die ein eng geknüpftes soziales Netz haben, entscheiden sich früher fürs erste Kind als solche, die weit weg von ihren Eltern leben. Genau das, was die Familienpolitik mit immer neuen Programmen und Prämien zu fördern sucht, funktioniert also ganz einfach, wenn Oma und Opa in der Nähe sind.

Vielleicht ist das so, weil Großeltern ganz kompatibel mit Kindern sind. Das hat sogar neurologische Gründe – insbesondere die Tatsache, dass der Präfrontalkortex bei Kindern noch nicht ausgebildet ist, also die emotionale Kontrollzentrale des Gehirns. Die sorgt dafür, dass Kinder Geduld lernen, abwarten und Ereignisse antizipieren können, die in der Zukunft liegen. In den ersten drei Lebensjahren können sie all das kaum. Sie haben keine Vorstellung, wie lange eine Stunde ist, und keinen Sinn für zeitliche Abläufe. In ihrer Vorstellungswelt gibt es keine Zukunft und keine Vergangenheit. Ein Zustand, von dem Eltern meilenweit entfernt sind.

Für sie ist das oft frustrierend. Alles muss man hundertmal sagen, trotzdem passiert nichts. »Zieh bitte deine Hose an.« »Kannst du dein Zimmer aufräumen? Gleich kommt der Jakob zu Besuch.« »Wir müssen jetzt los.« »Kannst du deinen Teller in die Spülmaschine stellen?« An Kindern perlt so etwas ab. Sie sind imprägniert gegen Hektik und Zeitdruck. Sie leben in ihrer eigenen Zeitzone, gedanklich stets im Hier und Jetzt. Großeltern können damit oft besser umgehen als Eltern. Sie sind gelassener. Sei es, weil sie mehr Zeit haben. Oder weil sie einen guten Teil ihres Lebens vor der Zeit der totalen Beschleunigung durch die digitale Vernetzung gelebt haben.

Kuegelchen23 wippt vom linken auf den rechten Fuß. Cosma ist eingewickelt ins Tragetuch. Sie schreit. Wipp, wipp, schsch. Sie schreit immer noch. Wipp, wipp.

»Schreien ist gut für die Lungen«, sagt die Oma.

Kuegelchen23 denkt: Nicht der alte Nazi-Scheiß schon wieder. Sie erwidert: »Ja, danke.«

Cosma Moon plärrt weiter. Wipp, wipp, schhhhh.

»Nimmt Ihr Kind denn keinen Schnuller?«

»Nein, sie nimmt nur die Brust.«

»Ach, tunken Sie den Schnuller einfach in ein bisschen Honig und am Abend dann in Bier. Das wirkt super. So hab ich …«

»Honig im ersten Lebensjahr kann Säuglingsbotulismus auslösen. Neben Darmstillstand kann es zu Lähmungen der Schluck-, Augen-, Arm- und Beinmuskeln, zur Schwächung der Atemhilfsmuskulatur und sogar zum Tode des Säuglings kommen.«

Hat sich doch gelohnt, dass sie vorher noch im Forum war, denkt sich Kuegelchen23. Da war das alles zu lesen. Die Oma hat das aber gar nicht mehr gehört. Sie hat aus dem Augenwinkel die freie Schaukel gesehen, die Enkelin am Handgelenk geschnappt und sprintet mit ihr dorthin. Da sage noch einer Oma zu ihr.

17 Uhr: »Das muss doch jetzt mal sitzen!«

Der Spielplatz war gewissermaßen das Kleingedruckte. Natürlich freute sich der Businessdad, als seine Frau ihn damals fragte, ob er Kinder mit ihr haben wolle. Er wollte ja auch Kinder mit ihr haben. Was da alles auf ihn zukommen sollte, wusste er da aber noch nicht. Woher auch? Darauf bereitet einen ja keiner vor. Vor der Heirat ist man verlobt oder lebt mindestens eine Weile zusammen. Vor dem Beruf geht man in die Schule, in die Lehre, auf die Uni und müht sich durch ein paar Praktika. So ziemlich alle wesentlichen Dinge im Leben haben einen Vorlauf, so dass man nie ganz unvorbereitet ins kalte Wasser springen muss. Doch bevor man ein Kind bekommt – hat man eben kein Kind. Man kann natürlich Freunde fragen, die schon Kinder haben, mit den eigenen Eltern reden, Bücher lesen, Kurse belegen (eine ganze Industrie gibt es da mittlerweile), und trotzdem hat man überhaupt keine Ahnung von all dem, was da auf einen zukommt. Schon gar nicht von den Zumutungen – Spielplatzschichten zum Beispiel.

Der Businessdad ist schnell erkannt. Er sitzt in voller Büromontur auf der Bank: dunkelgrauer Anzug, weißes Hemd mit Manschettenknöpfen, schwarze Budapester. Nur die Krawatte hat er in die Seitentasche des Jacketts gestopft. Mehr Konzessionen an den Ort wollte er nicht machen. Er schaut angespannt. In Gedanken ist er bei all den E-Mails, die unbeantwortet blieben, den Unterlagen, die er nicht mehr lesen konnte, den Telefonaten, die er nicht mehr führen konnte, und der ganzen Hektik, die dieser erzwungene Spielplatzbesuch morgen nach sich ziehen wird, wenn er die verlorene Zeit im Büro irgendwie wieder reinholen muss. Um ihn herum befinden sich vor allem Mütter, die meisten stehen in Grüppchen zusammen, und alle unterhalten sich. Nur er schweigt. Und denkt: All die Jahre auf einem Internat schmoren, sich dann durchs Staatsexamen kämpfen – nur, um am Ende im Anzug in einer Sandkiste zu enden und seinen Kindern die Sandförmchen zu reichen? Das kann doch nicht sein. Ganz klar: Der Businessdad ist hier, weil seine Frau es will.

Manchmal muss eben er ran. Zum Beispiel heute. Der Babysitter ist krank, das Au-pair im Urlaub, die Frau hat einen geschäftlichen Termin, den er ihr auch mit Blumen und Geschenken nicht ausreden konnte. Seine Kanzlei-Partner sind zu gut erzogen, um ihm ihre Meinung über diese moderne Erziehungsaufteilung ins Gesicht zu sagen. Doch jedes Mal, wenn er das Büro verlässt, hat er das Gefühl, seine Kollegen lachen heimlich über ihn, dass er in seine 80-Stunden-Wochen auch noch Spielplatzschichten einbauen muss.

Nun sitzt er hier, am äußersten Rande der Sandkiste, und versucht, sich hinter den 138,1 x 67,0 Millimetern seines iPhones zu verschanzen. So kann er wenigstens ein bisschen in der Welt der Vernünftigen bleiben. Wenn es gut läuft, kann er sogar einen Teil der Mailkorrespondenz erledigen. Er ist für Kollegen und Mandanten erreichbar, wenn mal was ist.

»PAAAPAAA!«

Das wird doch nicht Theodor sein, betet der Businessdad. Er hasst es, wenn Kinder dauernd nach ihren Eltern rufen. Was soll das denn? Können die sich nicht einmal alleine beschäftigen? Am schlimmsten sind die Eltern, die dann sofort aufspringen. So was kann das Kind ja nur in die Unselbständigkeit führen.

»PAAAPAAA, wo bist du?«, ertönt es wieder. Dann ein schrilles »PAAAAAAAAAPAAAA! PAAAAAAAPAAA!

PAAAAPAAAA!«, das wie eine Sirene über den Spielplatz schallt.

Okay, das ist Theodor. Der Businessdad beißt sich auf die Unterlippe, steht auf und steuert seinen Sohn an. Der ist leicht zu erkennen. Er trägt ein hellblaues Hemd, Cordhose und einen Cardigan mit Ellbogenflicken. Ziemlich genau das, was sein Vater trägt, wenn er sonntags mal nicht ins Büro muss.

Der Businessdad baut sich mit verschränkten Armen vor seinem Sohn auf.

»Theo, was ist denn?«

»Ich hab eingepuscht.«

»Was hast du?«

»EIN-GE-PUSCHT.«

»Theo, das glaub ich jetzt nicht. Du hast Sand in den Puschen und rufst wie eine Memme nach deinem Papa? Ich hab auch Sand überall und stell mich nicht so an.«

»Ein…ge…puscht …«, wimmert Theo und fasst sich zwischen die Beine.

Der Businessdad schluckt. Alles mit Windeln jagt ihm große Angst ein. Ja, zwischen den Beinen von Theo ziehen sich große, nasse Pinkelseen bis zu den Füßen. Jetzt fällt ihm auf: Theo hat gar keine Windel an. Und er ist der Letzte auf dem Spielplatz, der das merkt.

Es ist nicht so, dass der Businessdad sich nicht um seine Kinder kümmert. Er hat nur einfach keine Zeit. Dafür hat er seinen großen Auftritt immer dann, wenn es um die elementaren Fragen geht. Da kann er liefern wie kein anderer, denn sein Unique Selling Point ist seine Durchsetzungsfähigkeit, und das nicht nur im geschäftlichen

Bereich. Ein Platz in der auf Jahre hin ausgebuchten dreisprachigen Kita mit Schwimmkurs, Schauspielschule, Chemielabor und Betreuungsschlüssel 1:3 – er macht ihn klar. Die beste Kinderärztin im Viertel nimmt keine Kinder mehr auf? Ein Anruf genügt, und seine sind drin. Die Warteliste für die Musikschule ist im vierstelligen Bereich – doch er organisiert, dass die Kinder eine Woche später anfangen. Reinquatschen, nennt seine Frau diese väterliche Kernkompetenz, durchaus mit Bewunderung.

Als Alphatier ist er aber nicht nur Weltmeister im Reinquatschen und Durchsetzen, er übernimmt auch das Qualitätsmonitoring. Kann der Sohnemann mit zwei Jahren noch nicht mit Messer und Gabel essen, ruft er in der Kita an, warum das denn nicht endlich sitze. Die ist für ihn nämlich vor allem eins: ein Dienstleistungsunternehmen. Und das hat bitte schön zu seiner Zufriedenheit zu funktionieren.

»Theo, das versteh ich nicht. Warum machst du das nicht in der Kita? Das muss doch nicht jetzt sein, Theo.«

Theo weint jetzt noch lauter.

»Theo, du wirst nächste Woche zwei Jahre alt. Das muss jetzt mal sitzen. Du willst doch Geschenke haben, oder? Du bekommst kein einziges Geschenk, wenn du nicht endlich lernst, auf die Toilette zu gehen.«

Theo weint jetzt so laut, wie ein Kind nur weinen kann.

»Kein Drohen, kein Erpressen«, mischt sich Kuegelchen23 ein, die auch auf dem Spielplatz ist. »Mit Druck ist noch kein Kind trocken geworden.« Dann kniet sie sich zum kleinen Theo herunter und streichelt ihm tröstend den Kopf. »Dein Papa zieht dir jetzt eine frische Hose an, und dann baut er dir eine schöne Burg.« Die Forenmutti nimmt den nassen Theo hoch und setzt das Kind mit vorwurfsvollem Blick dem Businessdad direkt auf den Arm. Der schaut, als sei sein Aktiendepot in den Keller gerauscht.

Da kommt die Helikoptermutter vorbei und setzt nach: »Wenn Sie dem armen Kleinen nicht gleich die Hose wechseln, wird er noch ganz wund.«

Der Businessdad läuft rot an vor Wut. Schlimm genug, dass der vollgepinkelte Theo seinen Anzug versaut, nun muss er auch noch die Schlaumeiereien der Mütter ertragen. Kein Wunder, dass die hier so selbstherrlich rumchefen. Letztlich ist der Spielplatz ja ihr Arbeitsplatz.

Der Businessdad versucht, das nasse Kind an den Rand des Spielplatzes zu tragen. Theo wehrt sich mit Händen und Füßen und beginnt, wie wild zu strampeln.

»Theo, du reißt dich jetzt zusammen!«, knurrt der Businessdad.

Natürlich liebt er seine Kinder. Er hält sie nur nicht länger als fünf Minuten am Stück aus. Ist ja auch klar: Sie können kaum sprechen, sie sind komplett unvorhersehbar in ihren Handlungen, unterbrechen einen andauernd bei dem, was man gerade tut, und tun ihrerseits nie das, was man ihnen sagt. Alle drei Minuten sagen Eltern statistisch nein. Aber in gerade 60 Prozent der Fälle folgen ihnen die Kinder auch. Dann entwickeln sie rätselhafte Wiederholungszwänge und sonderbare Vorlieben. Einmal, erzählte seine Frau, wollte Theo 17 Mal am Stück die Rolltreppe im Einkaufszentrum hoch und herunter fahren. Oder er blieb minutenlang stehen, weil er einem Regenwurm zusehen wollte, wie er in die Erde kriecht. Im Grunde sind Kinder – wenn man die Maßstäbe eines halbwegs vernunftbegabten Erwachsenen anlegt – komplett wahnsinnig.

So empfindet es jedenfalls der Businessdad. Ganz allein scheint er mit dieser Ansicht nicht zu sein. In einer amerikanischen Studie wurde jungen Eltern die Frage gestellt, mit wem sie am liebsten Zeit verbringen. Dabei kam heraus: Lieber mit Freunden als dem Partner, lieber mit dem Partner als Verwandten, lieber mit Verwandten als Bekannten, lieber mit Bekannten als den Eltern, lieber mit den Eltern als den Kindern. Die sind damit auf der Beliebtheitsskala auf einer Stufe mit Fremden.

Ein Rascheln dringt aus den Büschen, die am Rand des Spielplatzes stehen, begleitet von Wortfetzen. »Ich sag es jetzt ein für allem Mal … Das muss jetzt mal sitzen … Hast du mich verstanden? Hab ich mich klar ausgedrückt? Wenn das noch einmal passiert, dann … Zum letzten Mal … Ich zähle jetzt bis drei!« Im Schutz des Unterholzes versucht der Businessdad, Theo umzuziehen. Was er nicht weiß: Das Gebüsch ist auf dem Spielplatz die öffentliche Toilette. Obwohl es auf keinem Ort der Welt dringender einer Bedürfnisanstalt bedarf, wenn so viele Kinder im Alter zwischen 2 und 4 in der Trockenwerdephase sind, gibt es auf Spielplätzen offenbar grundsätzlich keine Klos. Deshalb gehen die meisten im besten Falle nur in die sogenannte »Pinkelnarbe«. Wenn sie überhaupt so weit kommen. Als Zaungast auf dem Spielplatz hat sich der Businessdad darüber noch nie Gedanken gemacht.

Nach ein paar Minuten kommt Theo mit einer geblümten Leggins aus dem Gebüsch raus. Die hat ihm die Helikoptermutter geliehen.

17:30 Uhr: Die Babysitterin

»Wie schafft die das nur: zwei Kinder, aber ordentlich geschminkt?«, fragt die Bloggermum. Sie sitzt auf der Bank, nur mit einem leichten Tages-Make-up, die Haare eilig nach oben gebunden, der Boxed Sweater hängt gemütlich über der Boyfriend-Jeans. »Und die Haare sind auch frisch gewaschen und geföhnt.«

Neben ihr sitzt die Helikoptermutter in ihrer wasserabweisenden Funktionsjacke in Matschbraun und praktischen Treckingsandalen. »Also die Geburt sieht man der wirklich nicht an. Das Bindegewebe hätte ich auch gern. Wahnsinn, wie viel die mit den Kindern spielt.«

Eine Bank weiter blickt der Businessdad von seinem Smartphone auf und denkt: Wenn alle Mütter so aussehen würden wie die in den Hotpants, wäre es gar nicht so grauenvoll hier.

Der Babysitterin fallen die Blicke der Eltern gar nicht auf, die an ihr kleben wie Wespen auf einem Stück Pflaumenkuchen im Spätsommer. Sie hat zu tun. Mit Anton und Finja, die sie gerade von der Kita abgeholt hat, krabbelt sie auf allen vieren durch die Buddelkiste. Sie suchen nach Stöckchen, die sie in einem Plastikeimer sammeln. Anton wollte Wurstbude spielen, und dazu braucht man natürlich auch Pommes. Das sind die Stöckchen, nach denen sie jetzt gemeinsam wie Goldschürfer den Sand absuchen.

Natürlich könnte die Babysitterin vom Alter her auch eine junge Mutter sein. Nur verhält sie sich nicht so wie eine Mutter. Nicht, dass sie alles anders machen würde. Auch sie schubst die Kinder auf der Schaukel an, klettert mal mit aufs Gerüst und gräbt mit ihnen im Sand. Nur wirkt sie dabei irgendwie leichter und vergnügter, nicht so verbissen, nicht so besorgt, fast so, als habe sie Spaß dabei. Sie lacht viel, bückt sich zu den Kindern runter und hört den Kleinen zu, wenn die etwas erzählen, macht Spiele mit ihnen. Aber sie erzieht nicht alle anderen Kinder mit, die auch gerade auf dem Spielplatz sind. Und vor allem: Sie kommandiert nicht lauthals rum, so wie die anderen Eltern, die ihre große Erziehungsshow abziehen müssen. In den drei Stunden, die sie gebucht ist, zieht sie ein Programm durch, bei dem Eltern gleich k. o. wären. Sie hat die Kinder ja nur zwei Mal die Woche.

»Haben wir genug Pommes?«, fragt die Babysitterin. Der Eimer ist voll.

Anton und Finja nicken und gehen in die kleine Hütte, die am Rand der Sandkiste steht. Hier spielen meistens die ganz kleinen Kinder. »Das ist unsere Wurstbude«, sagt Finja und beginnt aus Sand längliche Würste zu formen. Die Babysitterin krabbelt mit rein und streut mit krummem Rücken und spitzen Fingern eine Prise Sand über die Würste. »Das ist das Currypulver«, erklärt sie. »Noch bisschen Salz …«, sie ahmt die Bewegungen nach, die man mit einem Salzstreuer macht. »Und Pfeffer.« Jetzt dreht sie die Handgelenke wie mit einer Mühle und macht dazu ein »Chrchr«-Geräusch.

»Mmmhh, voll lecker!«, freuen sich die Kinder und machen Kaubewegungen.

Seit zwei Jahren jobbt sie neben der Uni als Babysitter. Im Grunde ist das keine Raketenwissenschaft, findet sie. Seit die Kinder sie kennen und keinen hysterischen Weinkrampf mehr bekommen, wenn sie zur Türe hereinkommt, sondern mit großen Augen auf sie zurennen, weil sie sich freuen, mit ihr spielen zu können, ist es eigentlich total easy. Trotzdem veranstalten die meisten Eltern am Anfang stets ein Zinnober, wenn sie einen Babysitter engagieren, als ginge es um eine sozialversicherungspflichtige Festanstellung mit Weihnachts- und Urlaubsgeld, bezahltem Urlaub, Kündigungsschutz, Lohnfortzahlung im Krankheitsfall und dem Gehaltsniveau eines Investmentbankers. Und nicht um einen Aushilfsjob, der ihnen nicht mehr als acht Euro die Stunde wert ist.

Warum die Eltern bei der Babysitterwahl so einen Aufwand betreiben, hat sie erst nach und nach verstanden. Für sie selbst mag es ein Nebenjob sein. Für Eltern, vor allem für die, die keine Großeltern in der Nähe haben, ist ihre Dienstleistung die Nabelschnur zur Außenwelt. Sie ist elementar. Ohne sie würde der Alltag zusammenbrechen. Abends ins Kino, nachmittags zum Arzt, ein geschäftlicher Termin außerhalb der Kita-Zeiten, Überstunden – all das wäre kaum möglich. Ein guter Babysitter ist Gold wert.

Deshalb teilen die Eltern ihn auch nicht gerne im Freundeskreis. Die meisten würden eher einem Wildfremden ihren Autoschlüssel aushändigen, als die Nummer ihres Babysitters herauszurücken. Das würde nur Probleme schaffen. Wollten sie sich mit Freunden treffen, müsste man sich jedes Mal um den Babysitter streiten. Insofern ist sich jeder selbst der Nächste in der Betreuungsfrage.

Als sie das erste Mal bei den Eltern zum Kennenlernen eingeladen war und vor einer Tasse Tee und einem Teller Keksen am Küchentisch saß, fühlte sie sich wie bei einem Casting. Die Eltern wirkten ihr gegenüber nervös. Immerhin war es die erste Personalentscheidung ihres Lebens. Und die machten sie sich nicht leicht. Genau genommen drehten sie sogar komplett durch. So empfand sie es damals jedenfalls.

Der Kontakt kam über ein Portal im Internet zustande, das darauf spezialisiert ist, Dienstleistungen für sehr alte und sehr junge Menschen zu vermitteln. Sortiert nach Postleitzahl, Alter und Erfahrung können Eltern dort die Profile von Helfern anschauen, vergleichen und den oder die Auserwählte/n dann anschreiben.

Es hat eine Weile gedauert, bis sie herausfand, wie man die meisten Einladungen zum Vorstellungsgespräch generiert. Als Erfolgsformel kristallisierte sich heraus: auf dem Foto nett aussehen, aber nicht zu gut (Gefahr für die Ehefrau); am besten mit einem Kind auf dem Schoß, und sei es das schnell ins Bild gezerrte Nachbarskind. Das suggeriert Kompetenz und schafft Vertrauen. Ein Standard, den man natürlich vorweisen muss, ist der Erste-Hilfe-Kurs für Babys und Kleinkinder. Was darüber hinaus immer gut kommt, ist wenn man ein Instrument spielt, ein konsensfähiges pädagogisches Konzept zitieren kann, einem Ehrenamt nachgeht, rund um die Uhr verfügbar ist, einen Führerschein und ein eigenes Auto besitzt mit Kindersitzen in den Größen eins, zwei und drei.

Generell hat sie als Frau bessere Chancen als ihre männlichen Babysitter-Kollegen. Auch wenn sie es ungern zugeben: Vielen Eltern ist nicht wohl dabei, wenn ein Mann auf ihre Kinder aufpasst. Erzieher in der Kita können ein Lied davon singen. Meist wird jenen ein latentes Misstrauen entgegengebracht. Selten traut sich einer offen auszusprechen, dass man sich vor Pädophilen fürchtet, nur bucht eben auch kaum einer einen männlichen Babysitter. Und natürlich spielt der Tarif eine entscheidende Rolle. Ist er zu niedrig, wirkt man verzweifelt. Ist er zu hoch, bleiben die Einladungen fürs Babysitter-Casting aus. Denn die meisten Eltern wollen zwar nur das Beste für ihre Kinder, aber dafür zu bezahlen ist eine andere Sache.

Das Kennenlernen war für die Babysitterin eine komische Situation, weil sie sich für die Aussicht auf ein paar Kröten auf Herz und Nieren durchleuchten lassen musste. Während Anton und Finja sie nach Kräften ignorierten und Bauklötze durch die Küche warfen, löcherten die Eltern sie mit Fragen: Wie viel Erfahrung sie habe, was sie sonst so mache, warum sie Babysitterin sei, wann sie überhaupt Zeit habe, ob sie noch andere Kinder betreue. Außerdem wollten sie eine Kopie des Personalausweises, ein Gesundheitszeugnis und die Urkunde vom Erste-Hilfe-Kurs vorgelegt bekommen. Im Gegenzug erhielt sie ein kurzes Profil der Kinder, zusammengefasst auf einer DIN-A4-Seite mit Schriftgröße 12:

Anton, 2, ist sensibel, ehrgeizig, zielstrebig, kommunikativ, naturverbunden, lebenslustig, sozial, teamfähig, musikalisch, selbstbewusst, offen, ungeduldig, risikofreudig.
Er mag: Bagger, Kehrmaschinen, Musik, Rollenspiele, Tiere.
Er mag nicht: Tomaten, Regen, Sonne.
Er kann: Laufrad fahren, auf einem Bein springen, bis zehn zählen.
Er soll: sich selbst die Schuhe anziehen, sich selbst die Nase putzen.

Finja, 4, ist einfühlsam, intelligent, umsichtig, hilfsbereit, tier- und kinderlieb, sozialkompetent, bindungsfähig, sensitiv, spontan, zuverlässig.
Sie mag: malen, Flöte spielen, tanzen, Sprachen.
Sie mag nicht: Pfützen, Baggergeräusche, an der Schaukel anstehen.
Sie kann: den Kopffüßler zeichnen, buchstabieren, Fahrrad fahren.
Sie soll: ihr Spielzeug teilen, Anton ein Vorbild sein.

Sie stellten zudem noch ein paar Regeln auf: tagsüber keine Süßigkeiten (galt für die Kinder), abends »no drinks, no drugs, no company« (galt für sie). Als sie sich schließlich auf ein komplexes Tarifsystem geeinigt hatten (abends weniger als tagsüber; für zwei Kinder mehr als für eines; wenn es mal später wird, eine Pauschale), besprachen sie die Details der Eingewöhnung. Die ersten Male kam die Mutter mit auf den Spielplatz, dann ging sie kurz mal weg, schließlich brachte sie die Kinder nur noch hin. Mittlerweile holt die Babysitterin die Kinder zwei Mal die Woche selbst von der Kita ab.

»Acht, neun, zehn. Ich komme!« Die Babysitterin tritt hinter der großen Kastanie hervor und dreht den Kopf nach links und nach rechts. Anton hat sich wie vorher schon unter der Bank versteckt. Das hat sie sofort gesehen, aber natürlich darf sie ihn nicht gleich finden, sonst ist er enttäuscht. Erst ist Finja dran, die hatte sie beim letzten Mal als Zweite gefunden. Kinder haben diesbezüglich einen ausgesprochen großen Gerechtigkeitssinn, weiß die Babysitterin.

Noch bevor sie Finjas Versteck ausfindig machen kann, bettelt ein kleiner Junge mit Explorer-Sonnenhut: »Darf ich mitspielen?«

»Klar darfst du mitspielen. Wir suchen ein blondes Mädchen mit bunten Schmetterlingen auf dem Kleid. Hilfst du mir?«

»Juhu!«, ruft der zu dick mit Sonnencreme eingeschmierte Junge und legt seine Hand in die der netten Babysitterin.

Die Helikoptermutter traut ihren Augen kaum: Ole rennt mit einer wildfremden Frau lachend Hand in Hand über den Spielplatz! Er lacht, als würde man ihn mit fusseligen Handschuhen von oben bis unten durchkitzeln.

Sie findet die Frau zum Kotzen. Ihre gute Laune ist für sie ein einziger Vorwurf. Doch den Gedanken schiebt sie beiseite, als sie Ole mit der Frau im Gebüsch verschwinden sieht. Das geht ihr nun wirklich zu weit. Da lauern doch auf jedem zweiten Blatt Zecken, und die Pollenkonzentration ist nicht auszuhalten.

Die Helikoptermutter schnappt sich Hanna und folgt den beiden. Gerade als sie zur Standpauke ansetzen will, kommt die Babysitterin mit Ole und einem weiteren Kind aus dem Gebüsch. Sie hält das Mädchen an den Füßen fest und lässt es kopfüber schwingen wie das Pendel einer Standuhr: »Hab ich dich. Ding Dong. Hab ich dich. Ding Dong.«

Die Kinder lachen sich schief. Und nun soll bei einer weiteren Versteckspielrunde die Babysitterin gesucht werden. Oles Wangen glühen vor Glück. Die Helikoptermutter beißt sich auf die Lippen.

Während die Babysitterin für acht Euro die Stunde die Kinder auf Trab hält, sitzt deren Mama beim Friseur. 100 Euro zahlt sie dort für Schnitt, Farbe und Föhnen. Wenn ihr noch, so wie beim letzten Mal, ein paar Produkte aufgeschwatzt werden, ist sie schnell bei 150 Euro. Nach zwei Jahren weiß die Babysitterin ziemlich alles über die Familie: wohin es in den Urlaub geht, was es an Weihnachten gab, was die Mutter ihrem Mann vor den Latz knallt, wenn er wieder einmal nicht pünktlich von der Arbeit nach Hause kommt. Und was die Mutter ihr nicht erzählt, erzählen ihr die Kinder. Außerdem ist sie oft abends da, insofern kennt sie die Wohnung inzwischen in- und auswendig – und die Eltern in allen erdenklichen Zuständen. Besorgt, wenn sie abends aus der Tür schleichen mit dem Versprechen, nur kurz beim Italiener was zu essen. Hektisch, wenn die Kinder wieder mal nicht einschlafen wollten, die Kinovorstellung aber schon längst angefangen hat. Und natürlich mit Schlagseite, wenn sie drei Stunden nach dem vereinbarten Termin besoffen nach Hause kommen und ihr ein »Ist alles gutgegangen?« und »Danke« mit heiserer Stimme und meterlanger Fahne entgegenkrächzen.

Finja buddelt nun mit Anton im Sand. Die Babysitterin würde jetzt gerne eine rauchen, drüben bei den Tischtennisplatten, wo ein paar Teenies herumstehen, aber das ist jetzt nicht drin. Immerhin sitzt die halbe Nachbarschaft auf dem Spielplatz, die kennt die Babysitterin schon vom Sehen. Würde sie eine rauchen, während die Kinder auf dem Klettergerüst in lebensgefährliche Höhen klettern, könnte eine der Muttis das petzen. Es ist durchaus schon vorgekommen, dass andere Mütter SMS geschrieben haben: »Hey, der Anton kann ja schon allein schaukeln.« »Darf Finja Schokolade?« »Die Kinder haben keine Mütze auf. Vergessen?« Der Spielplatz ist halt vor allem eines: ein Ort der sozialen Kontrolle.

Manchmal fragt sich die Babysitterin, wie das wohl sein wird, wenn sie selbst mal Mutter ist. Bestimmt kann sie dann auf ein breites Repertoire an Überwachungstechnologien zurückgreifen – Armbänder mit GPS-Trackern und Überwachungs-Apps fürs Handy gibt es ja heute schon. Manche Peilsender haben eine Funktion, bei der man die Kinder über ein Mikrophon heimlich belauschen kann. Andere bewachen einen sogenannten Geozaun: Damit lässt sich ein bestimmter Bereich festlegen, innerhalb dessen sich das Kind bewegen darf – etwa der Schulweg. Weicht das Kind von ihm ab, bekommen die Eltern ein Alarmsignal per SMS mitsamt dem aktuellen Aufenthaltsort. Man kann diese Tracker aber auch so einstellen, dass sie die Geschwindigkeit messen, mit der sich das Kind bewegt; dann sieht man zum Beispiel, ob es auf dem Schulweg wieder trödelt, statt zügig nach Hause zu kommen, wo das Mittagessen schon auf dem Tisch steht. Vielleicht wird es irgendwann sogar so sein, wie Dave Eggers in seinem Roman *Der Circle* die nahe Zukunft beschrieben hat: Dort bekommen alle Kinder einen Mikrochip in die Knochen implantiert.

Es ist Abend geworden. Die Spatzen picken nach Krümeln von Dinkelkeksen, die letzten Eltern suchen das Sandspielzeug zusammen, und die Babysitterin bereitet die Kinder aufs Nachhausegehen vor. Sie schaut noch einmal in die Runde und sieht abgekämpfte Gesichter. Da ist der Glatzkopf im Anzug, der immer auf sein Smartphone hämmert. Wenn sein Sohn ruft, schaut er, als sei gerade eine Naturkatastrophe passiert. Oder die Mutter mit der Szenefrisur eine Bank weiter. Sie sieht so niedergeschlagen aus, als habe sie keine Einladung für die letzte Flagship-Store-Eröffnung bekommen. Der Mutter von Ole in der Funktionsjacke sind dagegen die Sorgenfalten ins Gesicht gemeißelt. Sie sitzt ganz vorne auf der Bank, direkt auf der Kante, so als müsse sie jederzeit aufspringen können und ihrem Kind in Lichtgeschwindigkeit zu Hilfe sprinten. Ihre Gesichtszüge zucken vor Anspannung, die Stirnfalte ist eine marianengrabentiefe Furche, als sei es eine schwere Bürde, sich um Kinder zu kümmern.

»Anton, Finja, wir müssen gleich los!«

»Neeeeeinnnn!«, sagt Anton.

»Warum?«, fragt Finja, der sie vorher einen französischen Zopf geflochten hat.

»Weil es schon spät ist.«

»Warum ist es spät?«, hakt Anton nach.

»Weil es schon Abend ist. Schau mal, es wird schon bald dunkel.«

Die Kinder schmollen kurz. Dann rennt Anton weg: »Fang mich doch, du Eierloch!«

Freitag

10:35 Uhr: Die Kita-Stalkerin

Sie tragen neongelbe Westen mit Reflektorenstreifen. Ihr Gemütszustand ist euphorisch und bisweilen überdreht. Sie empfinden Empathie und Liebe stärker als andere, ferner ist bei ihnen ein gesteigerter Mitteilungsdrang zu beobachten. Auch schlechte Stimmungslagen werden verstärkt.

Die Kinder der »Sonnenstrolche«-Kita sehen nicht nur so aus wie eine geschrumpfte Version der typischen Loveparadebesucher Ende der 90er Jahre, sie benehmen sich auch so. Die Kitagruppe ist auf dem Spielplatz, weil am letzten Elternabend nach zwei Abstimmungsrunden beschlossen wurde, dass die Kinder drei Mal die Woche Frischluftzufuhr bräuchten. Ausgelassene Bewegung im Freien sei nicht nur gut für Muskeln und Ausdauer, sie fördere auch die Koordination und das Denkvermögen. Das Problem der Elterninitiativkita ist nur, dass es hier zwar viel Redebedarf gibt, aber keinen eigenen Garten. Drum ziehen ihre Kinder nun über die öffentlichen Spielplätze der Nachbarschaft.

Der Aufwand ist enorm. 17 Kinder, das bedeutet 34 Hausschuhe ausziehen, 34 Straßenschuhe auf Kinderfüße bekommen, 34 Klettverschlüsse schließen oder Schleifen binden, 17 Jacken an den richtigen Besitzer verteilen, 34 unwillige Kinderarme in die Jackenärmel biegen und 17 Jacken schließen. Bei kühler Witterung kommen Schals und Mützen dazu, im Sommer Sonnencreme und Sonnenhut.

Das Schlimmste an dieser Vorbereitung ist aber, dass auf einem Elternabend beschlossen wurde, dass die »Glühwürmchen«, die »Sonnenstrahlen« und die »Regenbogen« – also die Kinder von 2 bis 6 – sich selbst anziehen sollen. Das stärkt das Selbstbewusstsein der Kinder – wenn sie es irgendwann mal können. Die Erzieherinnen sind sich inzwischen sicher, dass es vor allem ihre Nerven schwächt. Kinder leben im Hier und Jetzt. Schuhe anziehen, Jacken vom Haken nehmen, Reißverschlüsse schließen und andere feinmotorische Meisterleistungen sind ihnen zutiefst zuwider. Kinder haben eine natürliche Abneigung gegen das Wort »Jetzt«. Man braucht also die Geduld eines gottgleichen Wesens, um bei 17 Kindern ständig zu wiederholen »Ziehst du jetzt bitte deine Schuhe und deine Jacke an?«

Jedes Mal, wenn die Westenkinder endlich mit lautem Geschrei auf die Spielgeräte stürmen, atmen Ulrike und ihre Kollegin Barbara auf. Wenn alles gutgeht, will erst mal für ein paar wertvolle Minuten niemand etwas von ihnen.

Die 17 Kinder haben sich gerade auf den Spielgeräten verteilt, als der Handyklingelton »Children« von Robert Miles über den Spielplatz schallt. Ulrike beginnt im großen Proviantrucksack nach dem Handy zu suchen. Sie blickt auf das Display und seufzt: »Die schon wieder.« Es ist Oles Mutter. An manchen Tagen hat sie das Gefühl, Oles Mutter sei das achtzehnte Kind in ihrer Kitagruppe.

»Kita Sonnenstrolche, Ulrike – hallo?«

»Hallo Ulrike, hier ist Ole-Mama. Mir ist gerade eingefallen, dass ich vergessen habe, Ole heute Morgen mit Sonnencreme einzuschmieren.« Sie klingt wie ein Kleinkind, dessen Hamster gerade überfahren wurde.

»Haben wir bei allen Kindern gemacht. Außerdem trägt er seine UV-Schutz-Kleidung und den Sonnenhut mit Nackenschutz, alles wie es auf Ihrer Wunschliste steht.«

»Ah, danke. Aber seid doch so lieb und cremt bei Ole noch einmal nach. Seine Haut ist besonders dünn. Und beachtet bitte die MED.«

»Die was bitte?«

»Die Minimale Erythemdosis. Die UV-Menge, die einen Sonnenbrand auslöst. Die Strahlenbelastung kann durch Aufhalten im Schatten minimiert werden. Vielleicht übt ihr im Schatten ein bisschen …«

»Machen wir – oh, ich muss mal schnell zu Ole, der klettert gerade ganz oben aufs Klettergerüst.« Ulrike drückt die Mutter weg. »Notwehr«, sagt sie zu Barbara, der anderen Betreuerin.

Vormittags lässt es sich auf dem Spielplatz ziemlich gut aushalten. Es befinden sich eigentlich nur zwei Besuchergruppen in der Sand-Arena. Zum einen die übermotivierten Mütter in Elternzeit, die glauben, die Motorik und die Aufnahmefähigkeit des 12 Monate alten Babys verbessere sich im Sand dramatisch. Zum anderen die kranken Kinder, die als Zwischenstopp nach dem Kinderarzt oder dem Supermarkt kurz mit fieberglasigen Augen auf die

Schaukel oder die Rutsche gesetzt werden – gerade bei Erkältungen soll Frischluftzufuhr ja wahre Genesungswunder bewirken. Ansonsten hat man den Spielplatz aber für sich, die Kollegin und die 17 Kita-Kinder. Gemessen an den Nachmittagen entspricht das der Bevölkerungsdichte der Mongolei.

Normalerweise stört die erste Bevölkerungsgruppe – die Mütter in Elternzeit – nicht weiter. Die Babys blockieren keine Spielgeräte, sondern sitzen brabbelnd im Sand und werden von den Müttern bespielt. Dem Baby werden bunte Sandförmchen vor die Nase gehalten und mit wilder Gestik untermalt Sandkuchen gebacken. Kinder lernen schließlich durch Nachahmung, heißt es. Das Baby sabbert die Förmchen an und schaut teilnahmslos. Den Müttern ist das fehlende Feedback egal, jede Aktivität des kleinen biologischen Wunders wird eifrig gelobt. Wirft das Baby mit Sand um sich, ruft die Mutter begeistert: »Mia-Mara streut Puderzucker! Das machst du fein!« Haut das Baby zufällig mit einem Stock auf ein Förmchen, wird in ihm schnell ein kleiner Dave Lombardo vermutet: »Bamm. Bamm. Bamm, Jo-Jo. Ein Schlagzeug. Das machst du super!«

Ulrike und Barbara könnten Stunden damit verbringen, den Müttern zuzuschauen und sie heimlich zu belächeln. Denn die beiden Erzieherinnen fahren auf dem Spielplatz das pädagogische Gegenprogramm. Heißt: Aufgestanden wird nur, wenn Tränen oder Blut fließen.

»Hallo, ihr zwei«, unterbricht eine bilderbuchschöne Mutter die beiden beim Nichtstun.

»Hallo?«, fragt Ulrike verunsichert zurück und blickt zu

Barbara. Auch ihre Kollegin scheint die Mutter nicht zu kennen. Ulrike sucht in ihrem Kopf, zu welchem Kind die Mutter mit der gebügelten Bluse und dem irre weich aussehenden Pullover gehören könnte. Ihr fällt keines ein. Vielleicht ist es eine Ex-Mutter, deren Kinder schon lang in die Schule gehen? Schwierig.

»Wir kennen uns nicht, aber ich beobachte euch schon länger – jeden Dienstag, Mittwoch und Freitag von halb elf bis ungefähr elf auf dem Spielplatz hier. Ich finde, ihr macht das echt super mit den Kindern. Ich bin die Elisabeth Wackenstein, und ich dachte, ein bisschen Kaffee kann nicht schaden.«

Als die Frau mit dem weichen Pullover den Erzieherinnen freudestrahlend zwei weiße Pappbecher mit Latte macchiato entgegenstreckt, ist dem Sonnenstrahl-Team klar, um wen es sich hier handelt: Vor ihnen steht eine waschechte Kita-Stalkerin. Abwimmeln zwecklos.

Obwohl Eltern von unter Dreijährigen seit dem 1. August 2013 in Deutschland einen Rechtsanspruch auf ein staatlich gefördertes Betreuungsangebot haben, konnten bis zum 1. März 2014 nur 32,5 Prozent der Kleinkinder dieser Altergruppe betreut werden. Und zu diesen 32,5 Prozent soll das Kind der Kita-Stalkerin gehören – koste es, was es wolle. Der Kitaplatz ist der Rückfahrtschein in ihr altes Berufsleben, ja überhaupt ins Leben. Die Suche begann sie direkt, nachdem der zweite Streifen auf dem Schwangerschaftstest erschien. Am Anfang zählen vielleicht noch Nähe zum Wohnort oder ein gut klingendes pädagogisches Konzept zu den Auswahlkriterien der »richtigen« Kita. Einige frustrierende Absagen später ist klar: Einen Kita-Platz zu bekommen bedeutet Krieg. Vorteile verschafft sich, wer seinen Namen wie mit einer Streubombe auf möglichst viele Wartelisten verteilt. Dann heißt es dranbleiben. Kämpfen. Und immer wieder mit Interesse und kreativen Ideen nachrüsten.

»Wir hatten gerade Kaffee.«

»Na, aber Sie trinken doch meist um 10:40 Uhr eine zweite Tasse.« So einfach lässt sich die Mutter mit dem Perlweißlächeln nicht abwimmeln, dafür hat sie die Kitagruppe zu lange verfolgt.

»Nee, lassen Sie mal. Wir sind nicht so die Lattemacchiato-Typen«, antwortet Ulrike.

»Ach, kommen Sie. Gegen eine Tasse Kaffee und ein Stück Bienenstich ist doch nichts einzuwenden.«

Woher auch immer diese Frau weiß, dass Bienenstich Ulrikes Lieblingskuchen ist, eines ist klar: Diese Frau werden sie in freier Wildbahn so schnell nicht los. Dann lieber mit Kaffee zugetextet werden als ohne. Ulrike greift nach dem Becher. Der erste Punkt geht an die Kita-Stalkerin.

»Tolle Schuhe haben Sie da«, lächelt die Mutter und deutet auf die in die Jahre gekommenen altglasgrünen Fake-Crocs der Erzieherin.

»Danke. Wie alt ist denn Ihre Kleine?«, lenkt Barbara ein und deutet auf das wie in der Kaiserzeit zurechtgemachte Baby im Designer-Kinderwagen.

»Clementine ist 21 Wochen und superpflegeleicht. Ist das nicht anstrengend für Sie mit den 17 Kindern und dem situativen Ansatz?«, schleimt die Mutter ungehemmt weiter, während sie Clementine im Kinderwagen schaukelt. Wehe, die wacht jetzt auf und macht ihr einen Strich durch den ersten Eindruck.

»Ach, es geht«, reißt Barbara diesen Gesprächsfaden ab.

»Und ›Sonnenstrolche‹ finde ich ja einen ganz süßen Namen. Haben Sie sich den ausgedacht?« Die Mutter hofft, ihr hört keiner zu.

»Nee, da war die Chefin kreativ.«

»Ach, Sie haben keine leitende Funktion?«, fürchtet sich die Schönheit. Ihr wird ganz warm unter dem weichen Pulli. Egal, weiterkämpfen. »Ich finde ja, Sie sehen total nach Führungsposition aus.«

Barbara und Ulrike mustern sich gegenseitig. Barbara hat einen kieferorthopädisch bedenklichen und die bicolorfarbene Frisur eines Stinktiers, Ulrike hat becherlupenartige Brillengläser und trägt ein T-Shirt mit Tribal-Tattoo-Muster und mit dem Aufdruck *No limits today.*

»Und Sie machen Ihre Arbeit ganz toll. Sie sitzen ja die meiste Zeit rum, und diese passive Entspanntheit finde ich geradezu bewundernswert. Dann der unterdurchschnittliche Betreuungsschlüssel. Der ist doch ein Garant für die frühe Selbständigkeit der Kinder, nicht wahr?«, lobt sich Clementines Mutter um Kopf und Kragen. »Wenn Clementine eines Tages in so eine tolle Kita gehen könnte, ich wäre der glücklichste Mensch der Welt.«

So unglücklich sieht diese Frau eigentlich gar nicht aus, findet Barbara. Die Frau ist offenbar schon mit Conditioner auf die Welt gekommen. Ihre Haare glänzen wie Seide, ihr Mann scheint sie von Zeit zu Zeit mit Klunkern zu behängen, und allein das Outfit des Babys kostet etwa so viel wie Barbaras ganzer Jahresurlaub. Die Sorge um den Kitaplatz scheint die erste wahre Sorge in ihrem Leben zu sein. Das Einzige, was Barbara mit dieser Mutter der Oberschicht gemeinsam hat, ist das X in der Kleidergröße: Barbara XL, Kita-Stalkerin XS.

»Sie können sich bei uns auf die Warteliste setzen lassen. Immer am dritten Mittwoch im Monat von ...«

»... zehn bis zwölf«, beendet die Kita-Stalkerin den Satz. »Ich weiß. Da steht Clementine schon drauf, seit sie ein Gummibärchen auf dem Ultraschallbild war. Haben Sie meine Weihnachtskarte und meine Urlaubspostkarten erhalten?«

»Das kann sein. Ehrlich gesagt, erhalten wir sehr viel Post. Seitdem sich auch mal Geldscheine in den Umschlägen befinden, geben wir die Post ungeöffnet an die Leitung weiter, und die sortiert sie dann zu den Anfragen ein.«

»Geldscheine im Umschlag? Na, dafür haben Sie doch den Förderverein. Entre nous: Da sind wir schon lange Mitglied.«

»Ihr Bienenstich ist ziemlich gut«, lobt Barbara. Für die Kita-Stalkerin ist das ein Zeichen für den Frontalangriff.

»Danke. Stehen denn in nächster Zeit eigentlich größere Anschaffungen an, die mein Mann und ich finanziell unterstützen dürfen?«

Die klitzekleinen Äuglein hinter der Becherlupe verengen sich zu Schlitzen, dann setzt ohrenbetäubendes Geschrei ein. Ulrike und Barbara stürmen zur Ritterburg. Jona und Lisa haben sich mal wieder in die Haare gekriegt und sind als Kampfknäuel von der Hängebrücke geflogen. Sie wälzen sich im Sand und sind unzertrennbar wie siamesische Zwillinge.

»Ich hatte die Schippe zuerst! Du Blöder!«

»Gib sie zurück, sonst bist du nicht mehr mein Freund!«

»Du blöder Kacka-Jona! Du stinkst!«

»Aufhören, Kinder!«, ruft Barbara streng. Ulrike trennt die beiden Kampfhähne und untersucht sie auf bleibende Schäden. Sie rechnet zusammen: »Jona hat 17 ausgerissene Haare, 5 Kratzer und einen Wangenbiss. Lisa einen Riss im Ärmel, 7 Kratzer und einen kaputten Zopfgummi. Ich würde sagen: unentschieden.« Sie wendet sich an die Kinder. »Jetzt räumt erst mal die Buddelsachen ein. Das wird euch beruhigen. 3,2,1, auf die Schippen!«

Jetzt passiert, was mit Eltern auf dem Spielplatz nie passieren würde: Die Kinder machen das, was die Erzieherinnen ihnen sagen. Es ist ihr ganz großes Geheimnis, warum Kinder bei ihnen das Sandspielzeug nach einmaliger Anforderung aufräumen, was sie bei ihren Eltern und Großeltern niemals tun würden, und warum sie ohne ihr Zutun die meiste Zeit friedlich nebeneinander spielen. Diese magischen Vorgänge kann Ursula von der Leyen bei ihren sieben Kindern nie beobachtet haben. Sonst hätte sie 2012 nie und nimmer vorgeschlagen, dass man die arbeitslosen Schlecker-Mitarbeiterinnen doch kurzerhand zu Erzieherinnen umschulen könne. Vehemente Unterstützung bekam sie dabei von der damaligen Familienministerin Kristina Schröder, die meinte, unter den lebenserfahrenen Frauen seien sicher viele, die sich mit Freude und Engagement dieser Aufgabe widmen wollten. Auch wenn daraus nichts wurde, erhellt dies nur zu deutlich das Image des Erzieherinnenberufs in Deutschland: Das kann doch jede.

So gesehen hat die Kitaplatzknappheit auch ihre guten Seiten. Erzieherinnen werden händeringend gesucht. Sie sind begehrt. Das passiert ihnen nicht oft. Ihr Job ist immer noch das Stiefkind unter den pädagogischen Berufen. Er ist so unbeliebt, dass ihn kaum ein Mann machen möchte. Ulrike verdient mit ihrer 30-Stunden-Woche gerade mal 70 Euro mehr als ein Hartz-IV-Empfänger. Dafür steht sie drei Mal die Woche um sechs Uhr auf und hat acht Jobs auf einmal: Sie ist Vorleserin, Kinder-Mediatorin, Sprachtagebuchschreiberin, Marathon-Trösterin, Ankleidedame, Vorschullehrerin, wandelndes Lexikon und Event-Managerin. Auf ihrem Schoß sollen zehn Kinder Platz haben.

Die Kita-Stalkerin hat den schweren Proviantrucksack zur Ritterburg geschleppt. Bevor Clementine aufwacht, kann sie vielleicht noch punkten. Sie könnte helfen, das Buddelzeug einzusammeln. Die Erzieherinnen stehen bestimmt deshalb am Rand, weil sie vom vielen Bücken einen kaputten Rücken haben. Schnell schnappt sie sich ein paar der abgegriffenen Förmchen und steckt sie zurück in den großen gelben Jutebeutel.

»He, das können die Kinder schon selber!«, pfeift Ulrike sie zurück.

»Ach so, Entschuldigung. Kann man den Sonnenstrahl-Jutebeutel eigentlich bei euch kaufen? Der ist echt schick.«

»Selbstbemalt«, sagt Barbara.

»Okay, dann bis bald«, gibt sich die Kita-Stalkerin für heute geschlagen. Doch eine verlorene Schlacht ist noch kein verlorener Krieg, motiviert sie sich. Sie steht ja noch auf 34 anderen Wartelisten und rollt mit Clementine von dannen. Auf dem Spielplatz zwei Straßen weiter müssten jetzt die »Kleinen Spatzen« sein.

Ulrike und Barbara sind froh, als die schwere Kita-Tür hinter ihnen ins Schloss fällt. An der Eingangstür hängt ein großer Zettel in Klarsichtfolie:

Liebe Eltern. Bitte stören Sie nicht unseren laufenden Kita-Betrieb und kommen unangemeldet rein. Unsere Kita-Plätze sind bis 2016 vergeben. Wir freuen uns über Ihren Besuch beim nächsten Infotag am 3. September, oder lassen Sie sich jeden dritten Mittwoch in der Sprechstunde von 10 bis 12 auf die Warteliste setzen. Alles Weitere unter info@diesonnenstrolche.de

12 Uhr: Die Mutter aller Mütterfragen

Jetzt bitte kein Smalltalk, denkt der Neodad, als er die esoterische Tante winkend auf sich zukommen sieht. Er hat wieder einmal die Nacht kaum geschlafen und keine Lust, irgendjemanden zu treffen. Außerdem weiß er die Frau in den verwaschenen Naturklamotten überhaupt nicht einzuordnen. Umso irritierender, dass sie ihn begrüßt wie einen alten Freund aus dem Selbstfindungsseminar. »Hallo Benny, hallo Lorenz.« Sie legt dem Neodad verbindlich die Hände auf die Schultern und schaut ihm direkt in die Augen. »Schön, euch zu sehen!« Kuegelchen23 spricht so langsam, als sei das bewusste Betonen jeder einzelnen Silbe eine Achtsamkeitsübung.

Hoffentlich sieht mich keiner, fleht der Neodad inner-
lich und duckt sich unter den nach Weleda-Sanddorn-
Creme riechenden Händen hinweg, damit sie ihm nicht
noch ein ganz liebes Begrüßungsküsschen aufdrücken
kann. Er geht in die Hocke und versucht, sich in ein Spiel
mit seinem Sohn zu flüchten:

»Äh, hallo. Benny und ich spielen gerade Baustelle«,
erklärt er und beginnt motiviert den Betonmischer über
den Sand zu schieben. »Brumm brumm brumm.« Mit
etwas Glück schleicht sich die Eso-Tante gleich wieder.

»Shyla!«, ruft Benny begeistert, als er das dreijährige
Mädchen mit den Regenbogenstrumpfhosen und dem
roten Filzkleid sieht. Die zwei Kinder hüpfen vor Freude,
sich zu sehen, dann rennen sie Hand in Hand zur Rutsche.

Der Neodad und die Mutter mit dem Baby im Tragetuch
bleiben alleine zurück. Der Neodad fühlt sich wie früher
beim Ausgehen, wenn der Kumpel mit der Schönheit zum
Knutschen nach draußen ging, während er sich solange
um ihre hässliche Freundin kümmern musste. Nur, dass
heute keine Bar in der Nähe ist, an der man sich alko-
holisch trösten könnte.

»Urschleim hält eben zusammen«, meint die Eso-Tante
mit Blick auf Benny und Shyla.

»Das kann sein.«

»Die beiden haben ja schon nackt zusammen unter der
Kristalllampe gelegen, als sie noch ganz im mütterlichen
Schutz waren«, säuselt Kuegelchen23, während sie ihrem
Baby einen sanften Kuss auf die Stirn gibt.

Nackt. Kristalllampe. Den Pekip-Kurs hat er seiner
Frau bis heute nicht verziehen. Als Neu-Mutter mit Benny

dachte sie, in so einem Mutter-Kind-Kurs finde man bestimmt viele neue Mama-Kontakte und das Baby könne sich nebenbei auch noch motorisch weiterentwickeln – eine gigantische Win-win-Situation für nur 11 Euro die Stunde. Einmal waren auch die Männer eingeladen. Konnte der Neodad ja nicht ahnen, dass er der einzige Mann war, der sich in den überheizten Raum mit den roten Gummimatten traute. Ihm kam es vor wie eine Teestunde, bei der vor allem viel gestillt wurde und Themen wie »Hilft Heilwolle bei wundem Po?« oder »Plastik- oder Glasflasche. Was raten Kinderzahnärzte?« mit großem Ernst diskutiert wurden. Wenigstens kann er die Tragetuch-Frau jetzt zuordnen: eine Pekip-Bekannte seiner Frau.

»Ich gehe mal nach unserer Kleinen kucken«, fällt dem Neodad ein. Er ist erleichtert.

»Hab schon gehört, dass ihr auch nachgelegt habt. Du, ganz, ganz herzlichen Glückwunsch.« Zu spät – Kuegelchen23 umarmt ihn lange. So fest, dass er die mit Waschnüssen gewaschenen Stoffwindeln des Babys zwischen ihnen genau riechen kann. »Ich will den neuen Erdenbürger gleich mal bei uns begrüßen.« Damit macht Kuegelchen23 alle Fluchtpläne zunichte. Sie folgt dem Neodad zum Kinderwagen

Und dann kommt sie. Es war klar – sie musste kommen. Sie kommt nämlich immer. Spätestens im dritten Satz, gerne auch von wildfremden Leuten. Aus Small Talk wird Schoß Talk. Die Mutter aller Mütterfragen:

»Wie war eigentlich die Geburt?«

Der Neodad beginnt zu schwitzen. Ach, würde doch

jetzt das Baby bitte aufwachen und schreien und er müsste es beruhigen. Oder könnte doch seine Frau ihn genau jetzt am Telefon zusammenschnauzen, dass er schon wieder die Spülmaschine falsch eingeräumt hat. Zur Not dürfte auch Benny von der Rutsche fallen. Alles, aber bitte nicht das Geburtsgespräch.

»Äh, ging so.«

»Das sagt ihr Männeken immer so«, grinst Kuegelchen23. »Komm, wir setzen uns auf die Bank, euer kleiner Engel schlummert ja noch. Und Shyla und Benny dürfen mal die Autonomie auskosten.«

Geknickt setzt sich der Neodad mit Kuegelchen23 auf die Bank. Sie schiebt ihr T-Shirt hoch. Während sie Cosma andockt, holt sie aus:

»Wir haben uns beim dritten Mal wieder für eine Hausgeburt entschieden. Und das war genau das Richtige für uns. Um 10 Uhr hatte ich einen Blasensprung, da habe ich dann die Hebi angerufen und die Kerzen angezündet.«

»Meine Frau hatte auch einen Blasensprung«, wirft der Neodad höflich ein.

»Wenn die Fruchtblase platzt, ist das Gute, dass man sicher weiß, es geht los. Das Schlechte, das Fruchtwasser schießt ja dann schwallartig aus der Amnionhöhle heraus bis zur Geburt. Das ist wie ständig in die Hose pinkeln. Ihr Armen, wie habt ihr es denn dann überhaupt ins Geburtshaus geschafft?«

»Wir waren nicht im Geburtshaus, wir waren wieder im Krankenhaus«, antwortet er, und dann leiser: »Meine Frau hat sich zwei lindgrüne Handtücher in die Unterhose gelegt.«

»Krankenhaus? Meine Güte, so viel Himbeerblätter-Tee könnte ich gar nicht trinken, dass mein Muttermund sich da öffnen würde. Wie lange hat es denn gedauert?«

»Wir waren um 14 Uhr da, und um 23:44 Uhr hatten wir die Kleine dann in den Armen.«

Die Dauer ist der Goldstandard der Geburtsgeschichten. Meist geht es darum, wer die schlimmste, längste, schrecklichste, schmerzhafteste oder krasseste Geburt hatte. Wer hier etwas zu erzählen hat, wird aufgenommen in eine geheime Loge. Sie heißt »Die wahre Geburt«. Für immer vorbei sind die Zeiten, in denen man prägnant mit »53 cm, 2950 g, Mutter und Kind wohlauf« über die Geburt eines Kindes informiert wurde. Die Ordensschwestern der Loge der wahren Geburt zelebrieren stattdessen regelmäßig und in epischer Länge die blutigen Erlebnisse in grellen Schilderungen. Einmal aufgenommen in die Loge, ist man permanent im Kreißsaal anderer Leute zu Gast.

»9 Stunden 44 Minuten – das ist doch ganz gut. Bei Shyla hat die Ankunft sechs zwanzig gedauert. Mein Männe hat aber auch toll mitgetönt in der Eröffnungsphase. Als ich dann gemerkt habe, dass ich die Wehen nicht mehr wegatmen kann, habe ich einfach angefangen zu röhren wie ein Hirsch. In der Austreibungsphase habe ich dann geheult wie ein Wolf. Wenn der Muttermund erst mal sperrangelweit offensteht, wirken ja Urkräfte in einem.«

»Das ist ja lustig. Ich habe geschimpft wie ein Rohrspatz und meinem Mann die Hand blau gequetscht. 17 Stunden lang. Ich dachte, mir werden die Eingeweide

rausgerissen«, mischt sich jetzt die Frau von der Nachbarbank ein.

»Hmm, mmm«, brummt der Neodad verzweifelt. Er hat
die Geburt seiner Kinder wie die Neuverfilmung des
Splatterstreifens *Braindead* empfunden. Nichts, woran
man sich gerne erinnern würde.

»Ich wollte aber auf keinen Fall eine PDA«, sagt die
17-Stunden-Mutter, »Ich wollte das alleine durchziehen.«

»Ein Schmerzmittel wäre für mich auch undenkbar gewesen. Ich möchte doch meine Leibesfrucht bei vollem
Bewusstsein empfangen«, stimmt ihr Kuegelchen23 zu.

Hoffentlich fragen die mich jetzt nicht, ob wir eine PDA
hatten, betet der Neodad. Seine Frau hatte sich bei beiden
Geburten für die schmerzlindernde Periduralanästhesie
entschieden. Sie war der Meinung, einen Zahn lasse sie
sich ja auch nicht ohne Betäubung ziehen. Ihm war es
egal, Hauptsache, die Sache ging irgendwie über die
Bühne. Ob PDA oder LSD, von ihm aus hätte seine Frau
nehmen können, was auch immer ihr bei diesem Kraftakt
half. In seinen Jahren als Vater hat er freilich gelernt, dass
sich in der Frage PDA oder nicht genauso die Geister
scheiden wie bei Brust oder Flasche, Schnuller oder ohne,
Homöopathie oder Schulmedizin, Kinderklamotten erben
oder kaufen, Elternbett oder eigenes Bett, impfen oder
bloß nicht, auf dem Rücken oder auf dem Bauch schlafen,
Kinder schreien lassen oder trösten, Kinderfotos posten
oder nicht, Kinder oder Karriere, Kita oder Tagesmutter,
Teilzeit oder Vollzeit, Plastikspielzeug oder Holzspielzeug,
Lastenfahrrad oder Fahrradanhänger. Ihm kommt es vor,
als befänden sich Mütter auf dem Spielplatz im ständigen

Meinungsduell. Es geht hart zu und nicht immer fair. Der größte Feind ist allerdings der, der keine Meinung hat. Also er.

»Und was wäre gewesen, wenn bei dir etwas gerissen wäre bei der Hausgeburt?«, fragt zum Glück jetzt die Neugierige von der Nachbarbank.

»Das fragen mich komischerweise viele. Dabei kommen Risse bei Hausgeburten fast nie vor. Ich hatte nur leichte Schürfungen an der Schamlippe. Und wenn was passiert wäre, arbeitet meine Hebi mit Gewebekleber oder näht selbst.«

»Na, da hätte deine Hebamme bei mir einiges zu kleben gehabt. Ich hatte einen Dammriss, dritten Grades. Da hat man was von, sage ich euch, wenn dir der Po bei vollem Bewusstsein zugenäht wird. Na ja, heute kann ich ja wieder sitzen.«

Jetzt ist für einen herrlichen Moment Ruhe. Die Frau von der Nachbarbank hat den »Wer hatte die härteste Geburt«-Wettbewerb gewonnen. Fast. Denn in letzter Sekunde zieht Kuegelchen23 das »Eine Freundin von mir«-Ass aus dem Jutebeutel.

»Du Arme. Eine Freundin von mir hatte das auch bei einer Krankenhaus-Geburt. Danach hatte sie die Kontrolle über den Abgang ihrer Winde komplett verloren. Sie pupste immer dann, wenn es gar nicht passte. Wir haben sie heimlich Knatterbüchse genannt. Das Ende vom Lied war, dass sie dreimal die Woche mit einem Proktologen ihren Schließmuskel wieder aufbauen musste.«

Dem Neodad reicht es. Ihm ist sowieso schon schlecht. Er hätte einfach nicht auf den Spielplatz gehen dürfen.

Wenn er das nächste Mal Spielplatzdienst hat, wird er einen Platz in einem anderen Stadtteil aufsuchen. Das nimmt er sich fest vor.

»Papa! Papa!«, filtern Neodads Ohren jetzt eindeutig Bennys Stimme aus dem Spielplatzlärm heraus. Seine Stoßgebete wurden erhört. Benny, sein Lieblingssohn, wird ihn endlich aus dem Kreißsaal befreien.

»Ja, mein Großer? Welchen Wunsch darf ich dir erfüllen?« Der Neodad zieht seinen sandigen Sohn auf seinen Schoß. Er hat ihn auf einmal so gerne wie manchmal, wenn er nachts noch einmal mit seiner Frau auf Zehenspitzen ins Kinderzimmer schleicht und ihm beim Schlafen zuschaut.

»Ich sag es dir ins Ohr«, sagt Benny.

»Okay«, flüstert der Neodad.

Benny formt seine mit Sand panierten Hände zu einem Rohr und flüstert: »Ich habe Shyla und ihre Mama zu uns zum Mittagessen eingeladen.«

16 Uhr: Die Lästerhöhle

Ole, Viktor und Theodor sind heute schon das zweite Mal auf dem Spielplatz – morgens mit der Kita, nachmittags mit ihren Müttern. Die Kinder sind unzertrennliche Kitafreunde, sie kleben zusammen wie Sand und Sonnencreme. Ihre Mütter haben sich damit arrangiert. Im normalen Leben, also einem Leben ohne Kinder, hätten sich ihre Wege nie gekreuzt. Aber im Laufe vieler langer

Spielplatznachmittage haben sie sich aneinander gewöhnt.

»Entschuldigung, könntet ihr uns mit einer Windel in Größe 3 aushelfen?« »Ihr Kind hat gerade in unseren Sandeimer gepinkelt.« »Mama, warum ist die Frau auf der Bank so fett?«

In keinem Lebensalter lernt man so leicht neue Leute kennen wie mit kleinen Kindern. Nach spätestens fünf Spielplatzbesuchen kennt man die Klientel seines Nachbarspielplatzes.

Die drei Kita-Mütter haben nicht viele Gemeinsamkeiten, aber eines teilen sie ganz sicher: Sie finden alle anderen ziemlich daneben.

»Also mir tut der kleine Raphael total leid. Der ist doch immer der Letzte, der aus der Kita abgeholt wird. Und das mit zwei Jahren.«

»Kein Wunder, dass der verhaltensauffällig ist. Ich würde auch kratzen und beißen, wenn ich die meiste Zeit des Tages mit einer stotternden und einer halbblinden Erzieherin abhängen müsste.«

»Dann hat seine Mutter auch noch diese ekelhaften Gel-Nägel mit Glitzer. Statt ihr Kind zu einer angemessenen Zeit aus der Kita zu holen, sitzt die lieber im Nagelstudio rum und lässt sich die Nägel machen.«

»Deshalb hat sie natürlich kein Geld, um bei der Vesper-Abstimmung für die Bio-Kiste zu sein. Unmöglich.«

»Eigentlich sollten wir Raphael öfter mal mitnehmen.«

»Mach dir da nichts vor. Ich hatte auch mal so eine Gutmensch-Anwandlung mit ihm. Aber ich sage euch eins, der macht sich ständig in die Hose. An unserem Nachmittag vier Mal. Wechselklamotten hat der natürlich nicht dabei, also hab ich ihm ausgeholfen. Als ich die Unterhosen und Hosen endlich zurückbekommen habe, war Viktor aus den Sachen längst rausgewachsen.«

»Manche Mütter … Eigentlich sollte man für solche Fälle immer ein paar billige Kik-Klamotten zum Ausleihen parat haben. Es gibt viel zu viele Mütter, die sich auf uns verlassen, weil sie wissen, dass wir immer schöne Wechselklamotten oder was zu essen dabeihaben.«

»Da hast du absolut recht.«

»Richtig.«

Es tut gut, wenn alle der gleichen Meinung sind. Wäre das auf dem Kita-Elternabend nur auch mal so. Doch der gemeinsame Nenner findet sich eben leichter in einer kleinen eingeschworenen Müttergruppe als im großen Ganzen. Das Muttersein an sich verbindet heute nicht mehr automatisch. Dazu gibt es zu viele Glaubensrichtungen, zu viele Detail-Überzeugungen, zu viele Mikro-Erziehungsoptionen. Und viel zu viel Dogmatismus. Kann eine Mutter, die ihr Kind, während es im Kinderwagen schläft, vor dem Restaurant stehen lässt, wirklich mit einer befreundet sein, die das für gefährlichen Leichtsinn hält? Kann sich eine Mutter mit selbstgewebtem Tragetuch mit einer Babybjörn-Gesicht-nach-vorn-Mutter ohne Ressentiments unterhalten? Kann eine »Bei uns gibt's nur Reiswaffeln zwischendurch«-Mutter locker mit einer plaudern, die schon mal die Chipstüte zückt, wenn die Kinder quengeln? Eher laden die Grünen Thilo Sarrazin als Gastredner auf ihren Parteitag.

Insofern ist das Lästern die ständige Rückversicherung

des eigenen Handelns. Wer die eigene Meinung teilt, teilt auch die Erziehungsauffassungen, und das gibt Sicherheit und Stärke. Glaubensschwestern gesucht, Andersgläubige raus.

Raphaels Mutter hält sich nie an die unsichtbaren Regeln der Sonnenstrolch-Mütter, deshalb belegt sie einen Spitzenplatz im Ranking der beliebtesten Nachmittags-Lästereien. Spielplätze sind ein Ort der sozialen Kontrolle, auf dem gleiche Wertevorstellungen das Gemeinschaftsgefühl stärken.

»Ich geh mal Kaffee holen. Wie immer?«, fragt Theodors Mutter.

»Wie immer«, antwortet Viktors Mutter, und die Helikoptermutter fügt hinzu: »Für mich bitte koffeinfrei und, wenn es gibt, Soja-Vanillemilch. Danke. Nimmst du Theodor mit?«

»Nö, den lass ich bei euch. Die Jungs spielen doch gerade so schön. Der merkt das doch gar nicht, dass ich weg bin.«

»Und wenn doch? Wenn was passiert?«, fragt die Helikoptermutter unsicher.

»Dann rufst du mich auf meinem Handy an«, beruhigt sie Theodors Mutter und läuft los.

Die Helikoptermutter überprüft gleich ihr Handy. Okay, der Akku ist noch fast voll, das dürfte klappen. Und tatsächlich spielen die drei Jungs ganz versunken und einträchtig an der aufgeklappten Holzkiste Piraten. Man kann über einen schlechten Betreuungsschlüssel sagen, was man will – Kita-Freunde, die es gewohnt sind, ohne die Aufmerksamkeit von Erziehern zurechtzukommen, sind ein eingespieltes Team, das keinerlei Elternengagement benötigt. Außerdem ist die Holzkiste im Schatten und sicher. Es stehen keine rostigen Nägel hervor, es gibt keine Holzsplitter, die sich in Finger bohren könnten, und umkippen kann sie auch nicht. Das hat die Helikoptermutter erst vorgestern wieder kontrolliert.

Oles kleine Schwester Hanna und Viktors kleiner Bruder Vincent schlummern friedlich ihren zweiten Mittagsschlaf in ihren Kinderwagen. Kaum ist Theodors Mutter außer Hörweite, sorgen sich die anderen Mütter um sie:

»Das muss schon schlimm sein, wenn es mit dem Zweiten nicht klappt. Dabei hat sie doch immer am lautesten mit den hohen Testosteronwerten ihres Mannes geprahlt, wenn sie den zweiten Hugo drinhatte.«

»Ja, ihr Mann ist aber über 50, und da geht's halt schon seit zehn Jahren abwärts mit der Zeugungsfähigkeit. Außerdem sinkt der männliche Testosteronwert jährlich um 1,2 Prozent. Die besagte Messung liegt Jahrzehnte zurück.«

»Also liegt's an ihm. Auch das noch, der sieht doch eh schon aus wie eine aufgedunsene Qualle mit seiner Glatze und dem Wabbelbauch.«

»Kann auch an ihr liegen. Die Wahrscheinlichkeit einer Schwangerschaft verringert sich bei übermäßigem Koffeingenuss um mehr als 27 Prozent.«

»Würd mich nicht wundern, wenn die plötzlich Zwillinge bekommt.«

»Wie alt ist sie denn? Die Krankenkassen übernehmen 50 Prozent der Kosten für die künstliche Befruchtung nur bei Frauen unter 40. Die Wahrscheinlichkeit, dabei Zwillinge zu bekommen, ist 20 Mal so hoch.«

»28.«

»Nee, 20, da bin ich mir ganz sicher.«

»28 für den Streifen-T-Shirt-Zähler, meine ich, meine Liebe.«

»'tschuldige, den Jungen hätte ich jetzt fast übersehen.«

Um sich die Zeit zu vertreiben, haben die drei Kitamütter irgendwann den Streifen-T-Shirt-Zähler ins Leben gerufen. Direkt nach Ankunft muss jede von ihnen eine Schätzung abgeben, wie viele Streifen-T-Shirts heute auf dem Spielplatz auftauchen würden, und dann wird gezählt. Die beste Schätzung wird auf den Kaffee eingeladen. Geschwister im Partner-Streifenlook zählen doppelt, Mutter und Kind gestreift, also im sogenannten Mini-Me-Look, zählen dreifach. Ganze gestreifte Familien bringen vier Punkte auf den Zähler. Aber diesen Jackpot hatten sie erst einmal.

Wann genau die Querstreifen die modische Alleinherrschaft auf den Spielplätzen übernommen haben, weiß keiner so ganz genau. Fest steht: Sie sind immer da. Das Streifen-T-Shirt ist etwa so verbindlich wie das Trikot im Fußballverein: rot-weiß, blau-weiß, grün-weiß, rosa-weiß, bunt – egal, Hauptsache Streifen.

Wie so viele Modephänomene (Parka, T-Shirt, Schulterpolster, Stiefel) kommen auch die Querstreifen aus dem Militär, genau genommen aus der französischen Marine. In der Zeit, als kleine Jungen in Deutschland in Matrosenuniformen gekleidet wurden und Teil der allgemeinen Militarisierung der Gesellschaft wurden, entdeckte eine Boutique-Besitzerin im mondänen Seebad Deauville in der Normandie die Kleidung der Matrosen für sich. Bald schneiderte die Boutique-Besitzerin eigene Entwürfe für Frauen: elegante, aber lässige, von Männermode inspirierte Kleidung. Damit wurde sie weltberühmt. Coco Chanel – so hieß sie – machte den »Marinière« zur Mode. Brigitte Bardot, Jean Seberg, Debby Harry, Claudia Schiffer: Stilikonen aller Jahrzehnte trugen das langärmlige Shirt. Aber auch Männer, etwa Pablo Picasso, James Dean, die Ramones, Jean Paul Gaultier. Teil der Kindermode ist er ebenfalls schon lange. Die französische Firma Petit Bateau, ursprünglich ein Unterwäschehersteller, hat ihn seit 120 Jahren im Programm, mit nur sehr behutsamen Veränderungen. Zu viel Gestaltungswille ist gerade bei Klassikern riskant. Das musste die Modekette Zara feststellen, als sie ein gestreiftes Kinder-Shirt mit gelbem Stern auf der Brust auf den Markt brachte, das Assoziationen an die Uniformen der KZ-Häftlinge weckte (obgleich deren Streifen längs, nicht quer waren). Nach heftigen Protesten nahm Zara die T-Shirts vom Markt und entschuldigte sich auf dem hauseigenen Twitterkanal.

»29!« Die Helikoptermutter entdeckt ein weiteres gestreiftes Kind. »Wenn wir noch ein bisschen bleiben, gewinne ich mit meinen 35.«

»Na, steht die Rutschbahn noch?«, fragt Theodors Mutter von weitem und balanciert mit dem kleinen braunen Tablett, das aussieht wie ein abgeschnittener Eierkarton, über den Spielplatz. Darin stecken die drei obligatorischen Kaffee-to-go-Becher, für die Mütter heute so viel Häme einstecken, als würden sie täglich lebendige Frösche auf die Wippe nageln.

Ole kommt angelaufen und kräht: »Ist da Kakao für mich drin?«

»Nein, Ole, im Kakao wohnt der Zuckerteufel.«

Viktor setzt nach: »Gibt's Kinder-Cappuccino für uns?«

»Nein, Kinder, ihr hattet doch gerade ein Eis.«

Theodor fordert: »Ich will was Süßes.« Er stampft wütend mit dem Fuß auf.

»Wir haben nichts mehr, mein Süßer«, entschuldigt sich Theodors Mutter. Fünf Augenpaare richten sich auf die Helikoptermutter. Wenn die Snack-Vorräte von Theodors Mutter erschöpft sind, wenden sich immer alle an sie. Oles Snacks sind zwar oft unnötig gesund, aber stets in rauen Mengen vorhanden.

»Kommt, wir schauen mal, was ich noch in der Kühltasche im Kinderwagen habe«, seufzt sie. »Aber schön leise sein, sonst wacht Hanna auf.«

Die beiden anderen Mütter bleiben mit ihren Kaffeebechern zurück und schieben sich ihre großen Sonnenbrillen auf die Nasen.

»Erstaunlich, wie viele große Sorgen in einen Menschen passen.«

»Gegen diese Art Sorgen hilft nicht mal Botox.«

»Sag mal, sehe ich da richtig? Füttert die unsere Kinder etwa mit Fruchtriegeln? Das weiß ja sogar ich, dass da so viel Fruchtzucker drin ist, dass die bei Foodwatch auf der roten Liste stehen.«

»Krass, Ole wird den Zuckerschock seines Lebens bekommen. Obwohl, wenn er bei uns ist, stopfe ich den immer mit Schokolade voll. Damit er nicht petzen kann, sage ich zu den M&Ms immer braune Linsen. Und jedes Mal denke ich, er sieht danach weniger blass aus.«

Die beiden Mütter müssen jetzt herzlich lachen.

»Haha, das stimmt, er ist so blass wie Raffinadezucker, den er so gerne essen würde.«

»Bei denen frage ich mich echt auch, wie die zu ihren Kindern gekommen sind.«

»Na, wahrscheinlich hat sie ihn … schau mal, da ist Raphaels Mutter. Huhuuuuu!« Viktors Mama winkt über den Spielplatz.

Raphaels Mutter versucht, die Kita-Mütter zu ignorieren. Sie hat heute keine Lust, sich über Eigentumswohnungen oder Designer-Keramik-Lichtschalter zu unterhalten.

»30. Wusste gar nicht, dass die bei Kik jetzt auch Streifen-T-Shirts haben.«

18 Uhr: Schrei-Noon

Erst macht Benny die Kreischmöwe – ein spitzer, schriller, hoher, eher kurzer Schrei. Dann kommt der Brüllaffe: kehlig, dunkel, tiefe Tonlage, lange Dauer. Schließlich – und durchaus überraschend, denn eben spielte er noch ganz zufrieden mit seinem Radlader – geht sein Feueralarm-Schrei los. Der startet auf mittlerer Lautstärke, schwillt aber nach wenigen Sekunden sirenenartig an, dass die Trommelfelle bedrohlich in Schwingung geraten. Und Benny ist nur einer von etwa 50 Kindern auf dem Spielplatz, die zusammen einen Lärm veranstalten, der locker jeden startenden Düsenjäger übertönt. Der verursacht 120 Dezibel. Ab 85 Dezibel muss man am Arbeitsplatz Ohrenschützer tragen.

Was ist los? Nichts. Es ist 18 Uhr. Die Uhrzeit, bei der Eltern auf dem Spielplatz nicht mehr auf die Uhr schauen müssen. Wie spät es ist, erkennen sie an der Lautstärke. Um 18 Uhr ist der High-Noon der miesen Laune, der Schrei-Noon.

Der Neodad sitzt auf der Bank. Er ist das schon gewöhnt. Es geht ja jeden Tag so um diese Uhrzeit, aber freitags ist es am allerschlimmsten, also am ohrenbetäubendsten. In den calciumgestärkten kleinen Kinderknochen stecken nunmehr eine Woche Fremdbetreuung. Das heißt 35 Stunden Kita, also 35 Stunden lang zu viel von allem: zu viele Kinder, zu viel Lärm, zu viele Verteidigungskämpfe um das geliebte Spielzeug.

All das macht müde, und das kann man hören. Die Nerven liegen blank. Jetzt wird wegen jeder Kleinigkeit gekeift, geplärrt, gebrüllt und geweint. Bevor es ins Wochenende geht, müssen die letzten fünf Tage mit einer kollektiven Schreitherapie verarbeitet werden.

Auf seinem Schoß hat Neodad das Baby. Es ist etwas unleidlich, deshalb versucht er es mit einem Kinderreim zu unterhalten. »Die Maus hat rote Socken an, damit sie besser radeln kann.« Er wackelt mit den Baby-Füßchen in der Hand. »Sie radelt bis nach Dänemark, denn radeln macht die Waden stark.« Das Baby grinst ein zahnloses Lächeln.

Benny heult derweil irgendwo im Schreichor. Üble Szenen spielen sich ab. Marodierende Horden treiben ihr

Unwesen, mit schmutzigen Gesichtern, struppigen Haaren und verlotterten Klamotten ziehen sie umher. Zerkratzt und zerlumpt, die Hemden hängen aus der Hose, Flecken auf Knien und Ellbogen, komische, nicht mehr identifizierbare Grindschichten um den Mund. Kinder werden von Schaukeln geschubst, Schaufeln geklaut, Sand geschmissen. Alle sind fix und fertig. Auch Benny. Er schreit wie eine Katze, der man auf den Schwanz gestiegen ist. Und warum? Ein Kind hat sich an der Rutsche vorgedrängelt.

Der Neodad macht – gar nichts. Was soll er tun? Er weiß: Wenn es wirklich ernst wird, bekommt er es schon mit. Um die Nachmittage auf dem Spielplatz auf Dauer ohne große Hörschäden zu überstehen, hat er drei Schlüsselfähigkeiten entwickelt: Erstens einen akustischen Filter, der ihn nur das Schreien der eigenen Kinder aus der Soundsuppe heraushören lässt. Zweitens eine Schreihornhaut, die jedes andere Kindergeplärr im inneren Ohr auf ein erträgliches Maß herunterdimmt. Drittens ein Schreiwarnsystem, das die Schreiintensität misst, um zu wissen, ob man handeln muss oder nicht.

Eltern sind von Stunde null an Schreien gewöhnt. Schreien ist Babys erste Fähigkeit. Der erste Schrei wird noch sehnsüchtig erwartet; alles, was danach kommt, ist eher ein Grund zum Verzweifeln. In einer Rhesusaffen-Studie waren Affenmütter gegenüber einem schreienden Affenkind 400-mal aggressiver als gegenüber einem ruhigen. Zur Beruhigung wird das Affenkind gern an die Brust genommen. Das ist für die Forscher nicht überraschend, denn das Stresshormon Adrenalin wird am einfachsten mit dem Beruhigungshormon Oxytocin neutralisiert, das beim Stillen ausgeschüttet wird. Damit ist auch klar, warum stillende Mütter es leichter haben, Geduld aufzubringen.

Männer können nicht stillen. Dafür aber hat Mutter Natur sie imprägniert. Sie reagieren längst nicht so sensibel auf Schreien wie Mütter. Kein anderer Laut lässt Frauen – auch kinderlose – so schnell aus dem Schlaf hochschrecken wie Babyweinen. Männer dagegen weckt Babyweinen erst auf Rang 15. Eher werden sie von dem Geräusch einer summenden Fliege oder einem tropfenden Wasserhahn wach.

Benny beginnt laut zu jaulen. Er findet seinen Radlader nicht mehr. Eben war er noch da. Er läuft rot an und schluchzt wie ein Schlosshund. Der Neodad hört ihn, greift aber nicht ein. Er hat ja das Baby auf dem Schoß. Und er weiß, dass Benny immer erst mal prophylaktisch schreit. Fällt er hin, schreit er grundsätzlich, auch, wenn nichts passiert ist. Könnte ja was passiert sein, und vielleicht erheischt er wenigstens etwas Aufmerksamkeit. Den Radlader kann er auch alleine suchen.

»Brrraaaawwehhhaeeha!« Jetzt ist es das Baby, das schreit. Bestimmt hat es Hunger, deutet der Neodad. Er steht auf, nimmt es in den Arm und ruft ins Getümmel: »Benny, komm! Wir gehen jetzt nach Hause.«

Samstag

11 Uhr: Papa-Primetime

»Was ist denn hier los? Stimmung wie im Altersheim.«

Der Gästelisten-Vater balanciert eine quadratische Papp-halterung mit zwei Kaffeebechern mit Plastikdeckeln. Ne-ben ihm trottet Rio, drei Jahre, im Ramones-T-Shirt und fast den gleichen Turnschuhen wie sein Vater. »Zucker hab ich vergessen.«

»Seh ich aus, als würde ich Kaffee mit Zucker trin-ken?«, erwidert der Kumpelpapa. Er kniet im Sand und hat mit Jonas bereits einen beträchtlichen Teil der Chine-sischen Mauer nachgebaut. Seit einer guten Stunde gra-ben sie im Sand. Beziehungsweise er, denn Jonas ist bei diesem Großprojekt der Menschheitsgeschichte nicht durchwegs dabei. Aber es muss ja vorangehen, findet der Kumpelpapa – auch ein Wochenende hat bekanntlich nur zwei Tage.

»Schon lange da?«, fragt der Gästelisten-Vater.

»Klar, wer zuerst kommt, gräbt zuerst.«

Samstagvormittag ist Papa-Primetime. Jetzt ist die maximale Väterdichte auf dem Spielplatz erreicht. Das heißt natürlich nicht, dass nicht auch sehr viele Mütter da wären, aber die sind nun fast alle in Begleitung der Väter angerückt. Die anderen Mütter haben jetzt mal zwei Stunden für sich – und sei es nur, um ganz in Ruhe die Wochenendeinkäufe zu erledigen.

»Boah ey, gestern …«, raunt der Gästelisten-Vater und zieht die Ärmel seines Kapuzenpullis hoch. Seinen Unterarm schmückt eine Galerie gerade vergangener Vergnügen – Stempel kreuz und quer, wie die Bilderrahmen in Petersburger Hängung, die in seinem Wohnzimmer an Rucksackreisen durch Südostasien erinnern. Der Gästelisten-Vater mag ein Kind haben, doch aus dem Leben zieht er sich deshalb noch lange nicht zurück. Er kann erzählen von Dingen, die für die anderen Väter exotisch klingen: von Supper-Clubs und Dinner-Partys, Pop-up-Bars und Flüsterkneipen, von heißen Bands und aufstrebenden DJs. Er weiß, was abgeht. Er weiß auch, wo es abgeht und wann es passiert. Denn er ist immer dabei.

»Ich war schon ewig nicht mehr aus. Dabei war ich früher voll der Nachtmensch«, sagt der Kumpelpapa, nachdem der Gästelisten-Vater seine Odyssee durch die Freitagnacht in ihrer verwirrenden Vielzahl an Stationen nacherzählt hat. Rio, der neben Jonas sitzt, patscht mit seinen Händen auf die Chinesische Mauer. Der Kumpelpapa klopft den Sand mit der flachen Hand wieder fest. Dann nimmt er den Radlader und lädt Sand auf dessen Schaufel. »Kipplaster bitte!«

Jonas rollt den Transporter zu seinem Vater. Der kippt den Inhalt der Schaufel auf die Ladefläche des Transporters. »Bitte in den Bauabschnitt sechs bringen!«

»Die Typen hier stehen rum wie die Pilze im Wald«, sagt der Gästelisten-Vater. Er selbst fläzt im Sand, als sei es der Strand von Koh Pha-Ngan – halb liegend, halb sitzend, leicht verdreht, als sei seine Haltung eine Yoga-Position. Jede seiner Gliedmaßen signalisiert: Ich bin entspannt. Es ist ja Wochenende, und da bin ich immer entspannt. Genau wie unter der Woche, wo ich mir auch keinen Stress mache. Keine Ahnung, warum das nicht alle so machen.

Das ist sein Alleinstellungsmerkmal auf dem Spielplatz. Um ihn herum erstreckt sich ein Panorama väterlicher Verspannung. Da sind die Unsicheren, die mit hängenden Schultern und beiden Händen tief in der Hosentasche von einem Fuß auf den anderen treten und nicht recht wissen, was sie mit ihren Kindern anstellen sollen, die vor ihnen im Sand sitzen. Da sind die Kontrollwütigen, die mit den Armen fuchteln und laute Anweisungen geben, wie ihre Kinder aufs Klettergerüst kommen – oder, wenn sie endlich oben angelangt sind, wieder runter. Da sind die Kommentatoren, die jeden Schritt der Kleinen irgendwie betexten, als sei das kein Besuch auf dem Spielplatz, sondern eine Live-Reportage im Radio. (»Toll kletterst du da hoch. Super, ein Bein und dann das nächste, jetzt bist du gleich oben angekommen. Fein.«) Da sind die Gestressten, die mit gerunzelter Stirn kontrollieren, ob die Zweijährige nicht heimlich türmt, während die Vierjährige auf der Schaukel angeschubst werden möchte. Und natürlich gibt es die Überdrehten, die in jeder Situation den passenden Spruch parat haben und den Spielplatz als ihre Bühne begreifen. Spielt sein Kind mit der Eiswaffel und dem Eisportionierer, ordert er lautstark: »Zwei Kugeln Sanddorn bitte!« Kommt er morgens auf den Spielplatz, witzelt er: »Morgenstund hat Sand im Mund.«

Unter den Samstagvormittag-Vätern dominieren klar die Mitspieler – jetzt muss man zeigen, was für ein Wahnsinnsvater man ist, und sei es das einzige Mal in der Woche. Ein Typ wie der Gästelisten-Vater ist die Ausnahme. Für ihn ist das Kind vor allem eins: kein Grund, sein bisheriges Leben in irgendeiner Form in Frage zu stellen, geschweige denn zu ändern. Er trotzt damit enormen Fliehkräften, die an jedem frischgebackenen Vater, an jeder frischgebackenen Mutter zerren. Eltern werden ist immerhin die wohl abrupteste Veränderung im Leben eines Erwachsenen. Statistisch gesehen beklagen sich Mütter am häufigsten über Schlaflosigkeit, Übermüdung, Überanstrengung, Gewichtszunahme, weniger soziale Kontakte, weniger Einkommen, mehr Wäsche, Schuldgefühle, keine bessere Mutter zu sein, Schuldgefühle, dass die Wohnung immer rumpeliger wird, und Frust darüber, dass man sie immer seltener verlässt. Bei den Vätern gesellen sich hinzu der steigende wirtschaftliche Druck, weniger Sex und eine generelle Langeweile in der Elternrolle. Kurzum: Kinder bedeuten Freiheitsverlust auf ganzer Linie.

Da muss man sich Nischen schaffen. Und das ist die Kernkompetenz des Gästelisten-Vaters. Er ist Experte im Knüpfen von Netzwerken, ein geschickter Manager in Sachen Humankapital. Er kann unsichtbare Reserven entdecken und nutzbar machen. Man könnte auch sagen: Er beherrscht es wie kein anderer, sein Kind jemand anderem unterzujubeln. Solche Leute sind auf dem Spielplatz gefürchtet, denn wenn man nicht aufpasst, hat man schnell ihren Nachwuchs auf unbestimmte Zeit an der Backe.

Man erkennt Gästelisten-Väter an scheinbar völlig belanglosen Sätzen, die sie an ihre Kinder richten, wie: »Schau mal, ein Junge!« Oder, einen Hauch verbindlicher: »Ein Junge, wie du.« Die Kontaktaufnahme ist simpel. Der schwierigere Part für sie ist, die Kinder dann auch wirklich zu verkuppeln, damit sie miteinander spielen. Kinder interessieren sich nämlich nicht für Kinder, jedenfalls nicht, bevor sie drei Jahre alt sind. Sie nehmen sie zur Kenntnis, aber eigentlich versuchen sie sie nach Kräften zu ignorieren und tun meist so, als seien die anderen gar nicht da. Immerhin sind sie scharfe Konkurrenten um Schaukeln, Wippen, Schippen und Bagger, also um so ziemlich alles, was zählt.

Wer sein Kind gut und dauerhaft unterbringen will, braucht daher ein gutes Gespür und einen langen Atem. Der Gästelisten-Vater weiß: Wer einige Samstagvormittage am Spielplatz rumhängt, hat bald Anschluss. Jonas und sein Sandburgenvater waren leichte Beute – perfekt, um Rio zu parken. Jonas' Vater leidet offenbar an einer chronischen Aufmerksamkeitsdefizit-Störung, weswegen er wie ein Wahnsinniger mit den Kindern spielt. Von ihnen bekommt er das Feedback, das ihm sonst im Leben nicht zuteilwird. Außerdem schleppt er tonnenweise Spielzeug auf den Spielplatz. Damit kommen sich nicht mal zwei Dreijährige ins Gehege. Seit Rio sich an Jonas gewöhnt hat und sie zusammen spielen, ergeben sich für den Gästelisten-Vater herrliche Momente süßen Nichtstuns.

»Ich geh mal eine rauchen«, sagt er beiläufig. Jonas und Rio sind irgendwo im Getümmel zwischen Schaukel und

Rutsche verschwunden. Der Kumpelpapa sitzt weiter rückenkrumm im Sand herum und streicht die Mauern glatt. Der Gästelisten-Vater klopft den Sand von der Hose und geht vier Meter weiter. An der Bank zündet er sich eine Zigarette an.

»Papa!« Kaum, dass er das erste Mal die Asche von der Glut geschnippt hat, kommt Rio angelaufen. »Ein Junge hat mich geschubst!«

»Hmmm«, brummt der Gästelisten-Vater und denkt einen Moment nach. »Weißt du was? Schubs ihn einfach zurück.«

Ein Typ wie der Gästelisten-Vater spaltet den Spielplatz in zwei Hälften. Die eine findet: Von dem könnte man sich eine Scheibe abschneiden. Die andere meint: Der hat noch nicht verstanden, dass er Vater geworden ist. Die eine Hälfte ist eher männlich, die zweite vornehmlich weiblich.

Schreie aus der Sandkiste. Rio und ein Junge streiten sich um einen Feuerwehrlöschzug. Rio zieht dran, der Junge hält ihn mit beiden Armen fest. Die Mutter geht dazwischen.

»Okay, Kinder, schaut mal: Das ist ein ganz tolles Auto. Und ihr könnt beide damit spielen.«

»Meiiiiiiins!«, plärrt Rio. »Iiiiich!«, kräht der andere Junge.

»Ja, aber ihr könnt doch gemeinsam damit spielen. Zusammen, versteht ihr.«

Die Mediatorin hat sich auf die Knie gebeugt, damit sie auf Augenhöhe mit den Kindern ist. Sie hält den Kopf leicht schräg, weil das Verständnis suggeriert, und fasst die Kinder an der Hand, wodurch sie Nähe aufbauen will. Dieses Anti-Konflikt-Programm hat sie schon so oft gemacht, dass es ihr mindestens so leicht von der Hand geht wie Windelwechseln im Morgengrauen. Sie weiß: Die Besitzstandsfrage ist nicht zu klären. Womöglich gehört keinem der Kinder der Löschzug. Ebenso wenig ist ersichtlich, wer ihn zuerst hatte. Außerdem hängen Kinder in einem gewissen Alter so stark an Gegenständen, als sei es ein Körperteil. Und wer würde schon seinen Arm an einen Fremden verleihen?

Da hilft nur eins, weiß die Mediatorin: das Spielzeug vergesellschaften. »Die Feuerwehr kommt auch nicht alleine, sondern zu ganz vielen«, erklärt sie folgerichtig.

»Iiiiiich willl aber ....«, sagt der andere Junge.

Rio läuft dunkelrot an, ballt seine Fäuste und trommelt auf den Sand. »Neeeiiiinn, ich hab's zuerst gesehen!«

»Hey, schaut mal, dahinten brennt es.« Die Mediatorin zeigt auf den Strauch, wo der Gästelisten-Vater mit seiner Kippe steht und übernächtigt in den Vormittagshimmel blinzelt. »Da müsst ihr beide löschen! Sofort!«

»Hä?« Rio schaut irritiert.

»Schau, du bist der Löschzug und hältst das Auto. Und du bist der Löschmeister! Du musst mit dem Schlauch spritzen. Schnell, sonst fängt hier alles Feuer!«

Der Gästelisten-Vater bläst den Rauch durch die Nase aus und will gerade die Kippe auf dem Papierkorb ausdrücken, da kommen Rio und ein Junge angerannt, bauen sich einen Meter vor ihm auf und machen laute Spritzgeräusche. Der Gästelisten-Vater schaut irritiert: »Hey, Rio, starkes Teil, der Truck. Gehört der uns?«

12 Uhr: Die Frag-Mutti-Mutti

»Mama, kann ich auch einen Kaugummi?«

»Nein, Finn, das darfst du erst, wenn du in der Schule bist.«

»Aber das Mädchen ist doch auch noch kein Schulkind«, nölt Finn und zeigt auf das kleine Mädchen in goldenen Glitzerleggings.

»Manchmal sehen Mädchen eben ein bisschen jünger aus, als sie wirklich sind«, schlaumeiert die Mutter mit den Pippi-Langstrumpf-Zöpfen.

»Wie alt bist du?«, fragt Finn das Mädchen mit dem schlumpfblauen Kaugummi.

»Zwei, du Eierloch«, antwortet das Mädchen, und als sie kurz lächelt, blitzen ihre vom Kaugummi türkis gefärbten Zähne auf. Sie beginnt, mit einer großen Schippe Sand auf das Rutschbahnende zu schaufeln. Das nervt jedes rutschende Kind.

»Mama, die ist erst zwei. Ich will auch einen Kaugummi. Ich will genau den gleichen Kaugummi, wie das Mädchen hat. So einen hatte ich noch nie. Ich bin schon vier.«

Das ist eine schwierige Diskussionsgrundlage, bei der manche Mutter nervös würde. Doch die Frag-Mutti-Mutti liebt die Herausforderungen des Alltags. Ob Blaubeerflecken, aufgeschlagene Knie oder Wutanfall, sie weiß sich und anderen zu helfen. Sie ist das fleischgewordene Mütterwissen, ein wandelndes Haushaltsforum; sie ist Kinderfreund und Helfer in allen Lebenslagen. Seit die Frag-Mutti-Mutti Kinder hat, hat sie die Führungsposition in der Familie übernommen. »Familienmanagerin«

nennt sie sich nicht ohne Stolz. Die Kinder stehen an erster Stelle; das bedeutet permanentes Multitasking und 24 Stunden am Tag Selbstverwirklichung. Schließlich werden gute Mütter immer gebraucht – nicht nur von den eigenen Kindern.

»Finn, zu dir komm ich gleich. Und die kleine Dame hört jetzt mal auf, Sand auf die Rutsche zu werfen, sonst kommen da ganz böse Staubflecken auf die Rutsche-Popos. Die kriegen die Mamas dann nur noch mit einem Zitronen-Salz-Gemisch raus«, flötet die Mutter im Märchentanten-Ton.

Finn fordert im Maschinengewehr-Stakkato-Ton: »Kaugummi! Kaugummi! Kaugummi!«

Das Glitzermädchen schleudert der Mutter eine Schippe Sand entgegen. Die Frag-Mutti-Mutti spürt, wie ihr das Adrenalin durch die Adern rauscht. Diese Situation fordert ihre ganze mütterliche Kompetenz – wunderbar. Sie bringt Finn zu seiner großen Schwester, dann wendet sich die Mutter wieder an das Mädchen: »Na, na, na, kleines Fräulein, wer wird denn gleich. Wo ist eigentlich dein Vater?«

Der Frag-Mutti-Mutti ist klar, dass das Mädchen nur mit ihrem Vater auf dem Spielplatz sein kann. Schließlich ist Samstag, Papa-Show-Time. Da kommen die Väter gerne mal vormittags auf den Spielplatz und spielen für zwei Stunden den Superpapa, Farbstoffkaugummi und sonstige Naschfisimatenten vom Kiosk inklusive. Den Rest der Zeit verbringen sie dann mit den anderen Männern am Rand des Spielplatzes und unterhalten sich mit verschränkten Armen über die Bundesliga. Dabei verpassen sie ihren gesamten Erziehungsauftrag. Doch dafür ist ja sie da, die Frag-Mutti-Mutti.

»Sag ich nicht, du Kackafrau«, ruft das Kaugummi-Mädchen und rennt weg.

»Aber, aber, Kackafrau ist doch ein Klowort. Das benutzt man höchstens in Nassräumen«, ruft ihr die Mutter noch zöpfchenschüttelnd hinterher. Egal, wird der Vater schon sehen, was er von seiner vernachlässigten Tochter haben wird. Jetzt will sie wieder die schöne frische Luft mit ihren zwei wunderbar gelungenen Kindern genießen.

»FI-HI-NN! RON-JA! Kommt, wir basteln noch ein bisschen. Wir pflücken ein paar Gänseblümchen, und dann basteln wir tolle Ringe daraus.«

Finn und Ronja schauen mäßig begeistert, aber sie wissen, wenn sie jetzt nicht mitmachen, gibt es abends keinen Nachtisch. Schließlich ist die Frag-Mutti-Mutti im Selbermachfieber, seit sie schwanger ist. In der Schwangerschaft konnte sie ihre Kreativität mit bunten, selbstgenähten Bauchbinden und einem bemalten Gipsabdruck ihres Bauches ausleben. Seit die Kinder da sind – für die sie ihren Job total gerne aufgegeben hat –, ist die Nähmaschine zu ihrer besten Freundin geworden. Was man für die Schnuckis aber auch alles selbst nähen kann: Betthimmel, Bettnester, Mobile, Impfpasshüllen, Wimpelketten, Kissen, Sonnensegel, Schnullerketten, Fahrradkindersitzüberwürfe, geblümte Buggy-Inlays (die dafür sorgen, dass der Wiederverkaufswert des Kinderwagens bei eBay nicht sinkt), Umpuschelungen für den Kinderwagenlenker, Kleidchen, Mützchen – das alles immer und immer wieder, weil die Kleinen ja wachsen, sobald man sich nur kurz umdreht. Der Kreativität sind da keine Grenzen gesetzt. Manchmal träumt sie davon, ihre Sachen als Kleinunternehmerin über Dawanda zu verkaufen, aber noch wird sie voll und ganz von ihren Kindern gebraucht.

»Wir finden bestimmt noch ein paar Kinder, die mitmachen«, ruft die Frag-Mutti-Mutti, begeistert von ihren Animateurqualitäten. Schnell hat sich eine Handvoll Kinder gefunden, die im Kreis vor der Mutter in dem Äpfelchen-T-Shirt und dem selbstgenähten Eulenrock sitzen.

»Ihr Süßen, es ist ganz einfach. Ihr müsst nur den Stiel vorsichtig unterhalb der Blüte einritzen, das Blümchen einmal um den Finger schlingen, den Stängel durch den Ritz ziehen und feststecken. Fertig ist der Duftischmuck. Wer möchte mit mir gleich noch einen Gänseblümchen-haarkranz basteln?«

Fünf kleine Mädchenhände recken sich schüchtern in die Höhe. Jedes kleine Händchen ist für die Frag-Mutti-Mutti ein Denkmal der Dankbarkeit. Wer sich nur ein bisschen mit Kindern beschäftigt, bekommt ja so viel zurück.

Dem Gästelisten-Vater soll es recht sein. Er hat keine Lust, mit seinem Kind Gänseblümchen zu basteln, und so kann er sich wieder in Ruhe etwas Sonne auf die nachtclubfahle Haut scheinen lassen. Ist ja wieder spät geworden gestern. Und wenn er nachts nicht da ist, darf seine Freundin zum Ausgleich samstags vormittags zum Yoga. Ihm spielt das florale Werken in die Karten. Rio ist beschäftigt, und er hat seine Ruhe.

Die Pippi-Langstrumpf-Tante scheint die Kinder zu

hypnotisieren, das ist wunderbar. Sonderbar ist hingegen, dass sie aussieht wie die aufgeblasene Version ihrer zahnlückigen Tochter. Eine Mutter in Kinderklamotten – welche Verschmelzungsfantasien da wohl ausgelebt werden? Dieser Typus ist ihm in der immensen Artenvielfalt verhaltensauffälliger Spielplatzmütter schon öfters aufgefallen. Mütter dieser Art tragen immer Obst- oder Tiermotive auf ihren Klamotten. Sie sehen aus, als seien sie selbst in der Kita-Eingewöhnung und nicht ihre Kinder. Von der Bank aus diagnostiziert der Gästelisten-Vater ein Petra-Pan-Syndrom: ein tiefes Unbehagen mit der Erwachsenenrolle, die sich in einer Flucht ins Kindliche ausdrückt.

Im Heim des Gästelisten-Vater ist das Kinderzimmer dagegen bärchenfreie Zone. Rios Kindheit hat den Farbcode Mattschwarz oder Weiß. Kinderwagen, Strampler, Spielzeuge – wer nicht mattschwarz oder weiß ist, kommt nicht rein. Sorry.

»Da ist ja dein Papa. Ihr Sohn sucht Sie.« Die Frag-Mutti-Mutti hat den verheulten Rio an der Hand. »Rio hatte viel Spaß beim Naturbasteln. Sollten Sie auch mal probieren. Den Gänseblümchenring können Sie zu Hause in einen Eiswürfelbehälter stecken, mit Wasser auffüllen, einfrieren und fertig ist die schöne Erinnerung. Gänseblümchen kann man prima essen, das wissen die wenigsten. Einfach ein bisschen Balsamico …«

Bevor die Gänseblümchenflüsterin den Gästelistenvater mit mehr Tipps behelligen kann, trifft ein Mutti-Notruf ein. Sie wird jetzt an einem anderen Ort gebraucht. Eine große, türkisblaue Kugel hat sich in den langen Barbiehaaren eines Mädchens verfangen. Mutter und Tochter schreien verzweifelt um die Wette. Die Frag-Mutti-Mutti sprintet so schnell zum Einsatzort wie zuletzt bei den Bundesjugendspielen in der Mittelstufe. Atemlos erreicht sie die Schreifamilie: »Er-dnuss-keuch-Butter hi-hechel-hilft bei Kaugummi in den Haaren.«

Ein paar Worte tropfen zwischen ein paar Tränen aus der verweinten Mutter: »Hab ich jetzt nicht hier. Außerdem kommen dann die Wespen. Die schönen Haare«, weint sie weiter, »wurden seit Geburt nicht geschnitten.«

Die Frag-Mutti-Mutti kombiniert blitzschnell: »Okay, dann könnte man von der Eisdiele ein paar Eiswürfel besorgen. Den Kaugummi zwischen zwei Eiswürfel klemmen und dann schön rubbeln.«

Die Mutter vom Kaugummi-in-den-Haaren-Kind hat sich wieder gefangen: »Sie haben wohl zu viel Simpsons geschaut. Am Ende muss der Kaugummi bei Lisa doch auch herausgeschnitten werden.«

Beide Mütter blicken auf die türkisblaue Kugel, die fest am Kopf klebt. Beiden ist klar, dass es wohl auf eine Kurzhaarfrisur für das Mädchen herauslaufen wird. Bevor die Mutter wieder losweint, lenkt die Frag-Mutti-Mutti schnell ab: »Die Kosten für den Friseur würde ich mir von dem Vater erstatten lassen. Wer sein Kind mit so einem Kaugummi vergiftet und dann auch noch seine Aufsichtspflicht verletzt, soll zahlen.«

»Da ist der Junge, der mir den Kaugummi ins Haar gespuckt hat!«, schreit jetzt das Mädchen, als habe sie im Kinderlotto gewonnen.

»Finn?«, flüstert die Frag-Mutti-Mutti nun. Und wirkt zum ersten Mal für heute leicht verunsichert.

15 Uhr: Der Testsieger

»Au, au, au – der braucht dringend mal einen Tropfen Öl.« Der Experte verzieht das Gesicht, als er das Quietschen hört. Es kam nicht vom hüfthohen Spielplatztürchen, durch das die Bloggermum gerade hereingekommen ist, sondern von ihrem Kinderwagen. »Das ist typisch beim Bugaboo. Super Fahrwerk, aber die Kugellager ...«, ruft ihr der Experte hinterher.

Endlich Wochenende. Endlich Zeit zum Spielen. Linus-Matthias rennt zur Ritterburg mit den zwei Türmen, der Hängebrücke und der steilen Rutsche. Der Vater setzt sich erst mal auf die Bank und stellt seinen Rucksack ab. Er hat ja einiges zu schleppen, wenn es auf den Spielplatz geht: *Wieso? Weshalb? Warum?*-Bücher (Dinosaurier, Indianer und Fahrzeuge auf dem Bauernhof), Flickzeug fürs Fahrrad, eine Becherlupe, mit der man Käfer anschauen kann, einen Kompass, ein Vögel-Bestimmungsbuch, einen Kastanienbohrer, der auch für Eicheln geht, und eine Slackline – dieses Band, das man zum Balancieren zwischen zwei Bäume spannen kann.

»Ich hätte mir den ja nicht gekauft«, sagt der Experte halblaut. Er blickt sich um. Neben ihm sitzt die aus dem Dachgeschoss. Sie schreibt gerade eine SMS und hat nicht aufgepasst. Ein Fehler. Sie schaut auf und fragt: »Wie bitte?«

»Na, den Bugaboo. Den hätte ich mir niemals gekauft.«

»So? Ich hab davon gleich zwei. Bin eigentlich sehr zufrieden.«

»Aber bei dem Preis müsste mehr Ausstattung dabei

sein. Außerdem ist da viel zu wenig Platz für Einkäufe unter der Babywanne.«

»Dafür hab ich Winterreifen«, sagt die aus dem Dachgeschoss und schaut wieder auf ihr Handydisplay.

»Ah, das iPhone 6.«

»Ja.«

»Ist übrigens nicht der Testsieger bei den Smartphones in *Computerbild*. Das ist das Samsung Galaxy S5.«

»Hmm.«

»Das Problem ist der Akku. Zu schwach. 11 Stunden Betrieb, dann ist er platt.«

Die aus dem Dachgeschoss tippt weiter.

»Das iPhone hat aber bessere Boxen. Und …«

»Brrääääawääää!« Baby Charlotte fängt an zu schreien. Ihr Zwillingsbruder Friedrich schläft im Kinderwagen. Hunger, Durst, müde? Die aus dem Dachgeschoss schaut auf die Uhr – schon drei. Dann darf Charlotte wieder trinken. Die Dachgeschossmutti holt das Thermo-Fläschchen, das das Au-pair zu Hause vorbereitet hat, aus der Prada-Tasche und pfropft es der Kleinen in den Mund. Nach dreieinhalbmal Nuckeln spuckt Charlotte das Mundstück aus, röchelt und weint wieder.

»Ist bestimmt zu warm. Dann mögen die es nicht«, sagt der Experte. »War bei uns ganz genauso.« Er lehnt sich zurück und verschränkt die Arme hinterm Kopf. »Wir haben uns dann den Cool Twister geholt. Ein Superding. Kann ich Ihnen nur empfehlen. Damit kann man in 80 Sekunden trinkfähiges Wasser machen. Da ist so eine Kühlspirale …« Er hält einen Zeigefinger nach oben und umkreist ihn mit dem Zeigefinger der anderen Hand.

Charlotte hat das Mundstück wieder gefunden und nuckelt gierig. Die aus dem Dachgeschoss sondiert derweil die Fluchtwege, auf denen sie dieser menschgewordenen *Sendung mit der Maus* entkommen könnte.

»… wenn da das abgekochte Wasser durchläuft, wird es gekühlt. Man kann sogar wählen: 70, 60, 50 oder 40 Grad warm. Und das Beste …«

Noch vier, fünf Schlucke, dann hat Charlotte die Flasche leer und schläft hoffentlich ein, denkt die aus dem Dachgeschoss. Das gibt ihr die Gelegenheit, mit irgendeiner Ausrede von der Bank aufzustehen.

»… man braucht keinen Strom. Perfekt für unterwegs!«

»Schluuuurppp!« Charlotte leert die Flasche mit einem lauten Gurgeln und schaut so ermattet und glücklich, als habe sie eine Wasserpfeife geraucht. Vorsichtig hebt die Dachgeschossmutter sie in den Bugaboo, Charlotte protestiert kurz, rollt sich dann aber zur Seite. »Ich muss die Kleine mal rumschieben, dann schläft sie besser.«

Der Experte greift sich seinen Rucksack, holt die Slackline heraus und schaut sich um. Wo könnte er das 15 Meter lange Seil spannen? Er geht auf dem Spielplatz umher und taxiert die wenigen Bäumchen, die hier am Rand stehen. Schließlich findet er zwei Exemplare, die knapp zweieinhalb Meter voneinander entfernt wachsen. An ihnen befestigt er erst mal den Baumschutz aus Filz, der vor Rindenabrieb schützt. Dann legt er das Band um und fädelt es in die Ratsche ein.

»Linus-Matthias! Komm mal!« Er winkt den Jungen her, der mit einem weiten Satz von der Ritterburg runterspringt. »Schau mal, da ist das Moos am Stamm – da ist

Norden«, erklärt der Experte und spannt das Band mit einem Ruck.

»Was ist Norden?«, fragt Linus-Matthias.

»Eine der vier Himmelsrichtungen. Norden, Osten, Süden, Westen.«

»Ah.«

»Weißt du, wie man sich die merken kann?«

»Nein.«

»Nie ohne Socken Wandern. Verstehst du? N – O – S – W.«

Linus-Matthias steht vor dem Seil, das auf 30 Zentimeter Höhe gespannt ist, und weiß nicht recht, was er damit tun soll.

»Darauf kann man balancieren«, erklärt der Experte. »Schau, so.« Er zieht seine Treckingsandalen aus, hält sich mit einer Hand am Bäumchen fest, das sich bedenklich biegt, und setzt einen Fuß auf das Seil. Ganz vorsichtig zieht er das zweite Bein nach, streckt die Arme zur Seite, geht leicht in die Knie und setzt einen Fuß vor den anderen. Nach fünf Schrittchen und 83 Zentimetern verliert er die Balance.

»So, jetzt du!«

Linus-Matthias klappt seine Schultern ein und dreht sich zur Seite. »Neeee.«

»Komm, ich helf dir.«

Nervös setzt Linus eine Sandale auf das Seil. Sein Vater hält seine Hand. Mit einem großen Schritt setzt er den zweiten Fuß drauf. Das Seil wackelt, Linus-Matthias kichert und springt sicherheitshalber wieder runter.

»Jetzt probier mal ohne …«

»Nöööööö.«

»Du bist doch schon so ein großer Junge.«

Finja und Anton kommen angerannt und schauen, was da mit dem Seil geschieht. Oskar, Lotte, Mila, Benny, Luise, Jakob, Paul und Henry rennen hinterher. Plötzlich steht der halbe Spielplatz um das Band versammelt, das zwischen den Bäumchen gespannt ist.

Von der Menschentraube hat auch Jonas Wind bekommen, der eigentlich gerade an der Schaukel anstand. Mit großen Augen schaut er dem Experten zu.

»Krass, was macht ihr denn da?«, fragt der Kumpelpapa.

»Slackline. Das haben die Freikletterer aus Kalifornien erfunden. Als Übung zum Klettern«, erklärt der Experte, der ein Kind nach dem anderen an der Hand über die wackelige Leine führt.

»Kann ich auch mal?«, quengelt der Kumpelpapa und schiebt sich an den Kindern vorbei. Nach zwei Schritten auf der Slackline plumpst er auf den Boden und hält sich schmerzverzerrt das Knie. »Aaaahhrg! Ich habe mir das Bein gebrochen. Nein, geht ruhig weiter. Ihr müsst es bis zum Gipfel schaffen. Sonst war alles umsonst. Lasst mich einfach zurück!«

Der Experte hat sich wieder auf die Bank gesetzt, wo sein Rucksack steht. Die aus dem Dachgeschoss blättert gerade in der *Gala*. Ihre Zwillinge schlafen im Twin-Bugaboo.

»Balancieren ist so gut für die Koordination«, erklärt der Experte. »Gerade, wenn die Leine nicht so fest gespannt ist. Dann muss man mit Körperspannung arbeiten, um das Schwingen auszugleichen.«

Die aus dem Dachgeschoss arbeitet auch mit Körper-spannung – sie versucht, möglichst abweisend zu wirken: Arme verschränkt, Beine überschlagen, Stirn in Falten gelegt. Denn sie merkt, dass sie sonst die Plaudertasche neben ihr nicht mehr loswird. Wenn sie jetzt nicht in ein Gespräch hineingezogen werden will, muss sie schnell irgendwen anrufen. Sie zückt ihr iPhone 6: »Schatz, sag mal wegen heute Abend …«

»Entschuldigung«, unterbricht sie der Experte, »können Sie bitte woanders telefonieren? Die Strahlen sind für die Kinder nicht so gut.«

16:15 Uhr: Der Opa

Ole auf der Wippe – knips. Ole im Sand – knips. Ole auf der Ritterburg – knips, knips.

Rein äußerlich mag sich der Opa gar nicht so sehr von den alten Vätern unterscheiden, die am Wochenende auf dem Spielplatz vorbeischauen. So wie Opas früher mal aussahen – grau, eingefallen, runzlig und latent gries-grämig –, sehen sie heute längst nicht mehr aus.

Was den Opa vom alten Vater unterschiedet, ist jedoch sein Verhalten. Opa hat immer eine große Kamera um den Hals hängen und fotografiert jeden Schritt seiner Enkel. Väter fotografieren ebenfalls jeden Schritt ihrer Kinder, nur machen sie das mit ihrem Smartphone, und dann twittern sie, dass sie auf Instagram die neuen Bilder hochgeladen haben.

Der Opa der Helikoptermutter-Kinder hat jeden Samstag ab 16 Uhr zwei Stunden Spielplatzdienst. So will es seine Tochter. Die ersten Male hat er sich noch gewundert: Was es hier alles gibt! Eine Ritterburg zum Klettern, einen Dinosaurier zum Wippen, einen Turm aus Holzbalken mit einer wackeligen Hängebrücke und einer chromblitzenden Rutsche, die in einer steilen Rechtskurve nach unten geht. Richtige Erlebnisparks sind das. Und überall hängen Schilder, die einem etwas verbieten, vorschreiben oder vorschlagen: keine Zigaretten, kein Alkohol, keine Fahrräder, keine Hunde, keine Ballspiele. Dann steht da noch eine Notrufnummer, eine Beschwerdenummer und eine Nummer, die man anrufen soll, wenn was kaputt ist. Und überall stehen diese hochmodernen Kinderwagen, die aussehen wie SUVs im Miniaturformat und teuer sind wie ein gut erhaltener Gebrauchtwagen.

Alle hier trinken Kaffee aus Pappbechern. Und alle wuseln immer um die Kinder rum. Wieso sitzen die Eltern mit im Sandkasten und bauen Burgen? Warum steigen sie mit auf die Rutsche und sausen mit dem Kind auf dem Schoß nach unten? Warum lassen sie die Kinder nicht einfach selber spielen? Und wieso kommen auf ein Kind gleich beide Eltern zur Betreuung mit? Reicht doch, wenn einer rausgeht, denkt der Opa. Früher hat man die Väter nie auf dem Spielplatz gesehen. Das war eine No-go-Area für Männer damals.

Seine Tochter hat ihn für den Nachmittag genau gebrieft: Nicht zur Schwengelpumpe, denn da wühlt Ole stundenlang im Matsch und kommt immer total versaut nach Hause, sofern er sich nicht gleich eine Lungenentzündung holt, weil das Wasser so eiskalt aus der Pumpe kommt. Nicht auf die steile Rutsche, da könnte er sich verletzen. Und auf dem Hin- und Rückweg bloß nicht an der Eisdiele vorbeigehen – Eis soll er nicht, und er flippt völlig aus, wenn er welches sieht und keines kriegt. Und bloß nicht schon wieder Süßigkeiten verfüttern. Ein Drittel aller Kinder, die bei ihren Großeltern aufwachsen, haben Übergewicht. Das hat sie ihm neulich aus der Zeitung vorgelesen – als mahnendes Beispiel.

Eigentlich ist der Opa ganz froh, dass er auf dem Spielplatz ein bisschen fotografieren kann. So hat er wenigstens irgendetwas zu tun. Wirklich gebraucht fühlt er sich hier nicht. Ole spielt ja eh am liebsten allein. Und warum sollte das auch anders sein? Ist ja ein Ort für Kinder, nicht für Eltern.

Der Opa sitzt auf der Bank, am Rand. Er ist der Älteste hier. Links neben ihm stillt eine Frau ihr Baby. Rechts neben ihm wickelt ein Vater seinen Dreijährigen. Der Opa versucht, konzentriert nach vorne zu schauen.

Mit Spielplätzen hatte er sein Leben lang nicht viel am Hut. Als er selbst klein war, spielten die Kinder noch überall in der Stadt – in Baulücken, auf Bolzplätzen oder einfach auf der Straße. War ja noch nicht so viel Verkehr damals. Natürlich gab es schon Spielplätze in der Stadt, aber längst nicht so viele. Und nicht überall. Sie waren eher im Stadtpark, wo man vielleicht am Wochenende mit den Eltern mal hinging, aber sicher nicht jeden Tag. Da gab es Schaukeln und ein Karussell, Zerstreuungen, die in früheren Zeiten mal den Adeligen vorbehalten waren. Die Welt der Erwachsenen und die der Kinder waren früher ohnehin nicht so getrennt wie heute. Gleichzeitig haben die Erwachsenen den Kindern viel mehr Raum gelassen. Schwimmunterricht nach der Blockflötenstunde, Englischkurs in der Kita, dann noch Fußballverein, und überall von Mama mit dem Auto hinkutschiert – das gab es damals nicht.

»Schau mal, was ich kann!« Ole kommt vorbeigerannt und hüpft auf einem Bein.

»Toll machst du das!«, sagt der Opa. Er hat es heute schon 15 Mal gesagt. Er hat ja Zeit, der Opa. Da ist nicht jede Minute abgezählt wie bei den berufstätigen Eltern. Er schaut auch nicht dauernd auf sein Telefon wie all die anderen Leute, die hier sind. Er hätte es gar nicht dabei, wenn er nicht erreichbar sein müsste für seine Tochter. Die hat, bevor sie losgegangen sind, extra noch geschaut, ob sein Akku voll aufgeladen ist.

Als seine eigenen Kinder klein waren, gab es zwar schon mehr Spielplätze als in seiner Jugend, doch die sahen relativ simpel aus. Das Angebot an Spaßstaffagen war übersichtlich. Eine quietschende Schaukel an einem rostigen Gerüst, eine Wippe und eine Rutsche, die noch wie eine Rutsche aussah, also mit einer Holzsprossenleiter auf der einen Seite und einer steilen Rinne auf der anderen. Alle Geräte waren aus Metall, nicht wie heute, wo fast alles aus Holz ist. Und natürlich gab es einen Sandkasten, doch der stand damals bei vielen Müttern unter Generalverdacht: Wenn sich da mal nicht das ganze Cäsium von dem Reaktorunglück von Tschernobyl abgelagert hat. Davor fürchteten sich seinerzeit die Umweltbewegten. Im bürgerlichen Lager dagegen sorgte man sich eher, dass da gebrauchte Spritzen von Rauschgiftsüchtigen drin sein könnten oder Nachbars Katze ihre Kacke eingebuddelt hatte. Weil er aber immer gearbeitet hat, ging ohnehin nur seine Frau mit den Kindern auf den Spielplatz. Das haben alle Familien so gemacht damals. Elternzeit, Teilzeitarbeit, das gab's damals nicht. Und eine arbeitende Mutter wurde in der alten Bundesrepublik schon mal schräg angeschaut – wenn das mal gut sei für die Kleinen ...

In Sachen Kinderbetreuung ist der Opa gewissermaßen Quereinsteiger. Wickeln, Fläschchen geben, von der Kita abholen – den ganzen Papa-Parcours, der heute selbstverständlich ist, hat er so nie mitgemacht. Er war auch bei der Geburt nicht im Kreißsaal mit dabei. Heute ist das praktisch Pflicht, damals war es nicht mal möglich. Und natürlich war er auch bei keinem dieser Geburtsvorbereitungskurse, von dem ihm seine Tochter erzählt hat. Früher waren die Rollen einfach noch viel klarer verteilt: Der Vater war der Versorger, um alles andere kümmerte sich die Mutter. Wäre er mit einem Kind auf den Bauch geschnallt und Pappbecher mit Kaffee in der Hand unter der Woche über die Straße gelaufen, hätten die Nachbarn garantiert beim Jugendamt angerufen.

Seine Tochter weiß natürlich, dass er keine Ahnung hat. Deshalb hat sie ihm das Wichtigste noch mal vor dem Rausgehen erklärt: Bitte nicht »Engelein, Engelein flieg« spielen, denn da können die Arme auskugeln. »Hoppe, hoppe Reiter« bitte auch nicht machen, jedenfalls nicht den zweiten Reim, denn bei der Zeile »fressen ihn die Raben« bekommt Ole Alpträume. Auch nicht den *Struwwelpeter* vorlesen, der ist viel zu grausam. Anschließend bekam er einen riesigen Rucksack mit, vollgepackt mit Sachen. Als ginge er mit Ole auf eine lange Reise.

Komisch, denkt der Opa. Früher waren die Kinder im wörtlichen Sinne Nachwuchs, ein natürlich anfallendes Nebenprodukt des Geschlechtsverkehrs. Sie waren nichts Besonderes, weil sie einfach selbstverständlich waren. Jeder hatte Kinder. Und sie waren überall. Heute ist das anders. Es gibt viel weniger von ihnen. Und ihre geringe Zahl verhält sich umgekehrt proportional zur großen Aufmerksamkeit, die ihnen zukommt. Sie sind heißersehnte Wunschkinder, eingepasst in die vielen Zwänge des Lebenslaufs, zwischen Studium und Karriere, Selbstverwirklichung und Sabbatical. Dafür sollen die Kinder aber auch bitte schön perfekt werden. So kommt das dem Opa vor, wenn er um sich schaut, welch einen Zirkus die Eltern veranstalten.

Das Telefon klingelt. Die Helikoptermutter ist dran. »Kannst du bitte Ole was zu trinken geben? Ist ja doch recht warm heute.«

»Ja, mach ich.«

»Mütze hat er auf, oder?«

»Ja, hat er.«

»Und du weißt: Nicht winken, wenn Ole schaukelt. Sonst winkt er zurück, hält sich nicht mehr fest und fliegt runter.«

»Nein, mach ich nicht.«

Es ist ein schönes Gefühl, gebraucht zu werden, denkt sich der Opa. Als er Vater war, gab es den Generationenkonflikt. Ein tiefer Graben klaffte zwischen Eltern und ihren Kindern. Die einen wollten von der Vergangenheit

nichts mehr wissen, die anderen bohrten mit unangeneh-
men Fragen. Die Stimmung war angespannt. Heute wun-
dert sich der Opa manchmal, dass die Kinder so sehr auf
Sicherheit aus sind und sich so stark ins Private zurück-
ziehen. Die großen gesellschaftlichen Fragen werden gar
nicht mehr diskutiert. Das eigene Heim, eine intakte
Familie scheinen wichtiger als der Kampf für eine bessere
Welt, die in seiner Jugend noch das große Thema war.
Dabei gibt es ja durchaus eine Gerechtigkeitslücke zwischen den Generationen. Die Renten etwa.

Dafür sind die Alten willkommen – jedenfalls so lange
sie mithelfen und sich nicht in die Erziehung einmischen.
Auf ungebetene Ratschläge reagiert seine Tochter aller-
gisch; insofern hält er sich da zurück. Wobei das nicht
immer klappt. Neulich erzählte sie, dass Ole über Wachs-
tumsschmerzen klage: Die Knie täten ihm weh beim
Schlafen. Da gab er ihr den Tipp, seine Gelenke mit Schnaps
einzureiben. Das hätten sie früher auch so gemacht und
es habe immer toll gewirkt. Seine Tochter blickte ihn
daraufhin an, als habe er ihr geraten, sie solle Ole den
Schnaps zu trinken geben.

Apropos Ole – den hat er schon länger nicht mehr gesehen. Wird schon alles gut sein, denkt er. Früher ging das
ja auch. Da hatten Kinder ohnehin einen viel größeren
Radius, in dem sie sich frei bewegen konnten, ohne dass
die Eltern auf Schritt und Tritt hinterhergewuselt sind. In
der Zeitung hat er neulich gelesen, dass sich ein Achtjäh-
riger vor 100 Jahren neunmal so weit von seinem Eltern-
haus entfernen durfte wie heute. Geografen haben eine
Familie in Sheffield über vier Generationen befragt, wo sie

als Kinder gespielt hätten. Der Urgroßopa durfte nach dem Ersten Weltkrieg knapp 13 Kilometer alleine zum See laufen, um dort zu angeln. Der Opa durfte nach dem Zweiten Weltkrieg immerhin noch gut anderthalb Kilometer laufen bis zum nächsten Wald, wo er die freien Nachmittage zum Spielen verbrachte. Die Mutter konnte in den 70er Jahren, wenn sie wollte, alleine ins Freibad radeln – das war immerhin fast einen Kilometer von ihrem Zuhause entfernt. Ihr Kind darf alleine bloß in der Straße bleiben, in der die Familie wohnt – eine Sackgasse ohne Durchgangsverkehr. Sie ist 250 Meter lang. In die Schule wird es mit dem Auto gefahren. Was das wohl für die Kinder bedeutet, wenn sie immer nur unter Aufsicht der Erwachsenen sind?

Der Opa schaut auf die Uhr. In 23 Minuten sollen sie wieder zu Hause sein. Das könnte noch für ein Eis reichen. »Ole«, ruft er und steht auf. Wo ist er nur? »Komm mal her. Ich hab da eine Idee.«

17:37 Uhr: Regen

Der Opa erfährt es als Erster. Sein Handy klingelt in der Hosentasche, und er muss nicht erst auf das Display schauen, um zu wissen, dass es wieder seine Tochter ist.

»Hallo?«

»Hallo Papa. Hallo? Kannst du mich hören? Hallo?« Die Helikoptermutter ist aufgeregt, ihre Stimmung liegt irgendwo zwischen »Das Haus ist abgebrannt« und »Mein

Mann hat eine Affäre mit der minderjährigen Tochter seines besten Freundes«.

»Ja, ich höre dich.«

»Ah, zum Glück bist du rangegangen. Ich dachte schon, du hörst mich vielleicht nicht.«

»Okay, schieß los.«

Eigentlich würde die Helikoptermutter ihren Vater gerne darauf hinweisen, dass er Wörter wie »schießen« bitte nicht vor Ole sagen soll, doch dazu ist jetzt keine Zeit. Ihre Stimme klingt, als müsse sie ihrem Vater die Nachricht einer unheilbaren Erkrankung übermitteln: »Papa, es fängt gleich an zu regnen.«

»Kann gut sein. Hier ist es schon ganz grau. Haben wir Regensachen dabei?«

»Ja. Bitte nimm Ole an die Hand, und dann geh mit ihm zum Rucksack und zieh ihm die dicke Fleecejacke an.«

»Es hat 23 Grad.«

»Ja, aber vielleicht bringt der Regen starken Wind, und Ole erkältet sich doch so schnell. Dann bitte die Mütze aufziehen, denn 80 Prozent der Körperwärme verliert man über den Kopf. Als Nächstes setzt du Ole in den Buggy und ziehst die Regenhaube über den Kinderwagen. Sei so lieb und deck Ole mit deiner Jacke zu. Bitte stell Ole dann gegen den Wind auf, damit es nicht in den Wagen zieht. Und wenn der Regenschauer vorbei ist, bitte gleich die Klappe am Regenverdeck öffnen, damit Ole genug Luft bekommt. Der Wetterbericht sagt, der Regen wird nicht länger als zehn Minuten dauern. Falls Ole doch nass wird, ruf mich bitte an, dann lasse ich ihm ein Anti-

Erkältungsbad ein und dann kommt ihr nach Hause. Vielleicht gibst du ihm präventiv eine Multivitamin...«

»Wir bekommen das hin. Es hat in meinem Leben schon einmal geregnet«, versucht der Opa seine Tochter zu besänftigen.

»Okay, wenn was ist, ruf mich an. Hanna, nicht die Fernbedienung anfassen. Tschüs, Papa.«

»Bis später.«

Der Opa überlegt noch kurz, wann es wohl angefangen hat, dass Mütter ihre Kinder behandeln wie zerbrechliche Reiswaffeln. Seine Kinder durften nass werden, und den Wetterbericht gab es einmal am Tag, nach den 20-Uhr-Nachrichten. Aber schon damals hat er gelernt, bei Müttern den Weg des geringsten Widerstands zu gehen. Mütter haben die Durchschlagskraft eines Sonderkommandos bei einem G8-Gipfel, wenn es darum geht, ihre Meinung zu vertreten. Mütter entwickeln dabei übernatürliche Kräfte – das war früher so und wird sich wohl nie ändern. Also geht der Opa brav mit Ole zum Buggy, in dem der zentnerschwere Rucksack lagert.

»Komm, Ole, wir machen mal eine kleine Pause.«

Der Opa hievt den Rucksack, der schwerer ist als Ole, aus dem Buggy und setzt den Enkel rein. Dann beginnt er in den Tiefen des Rucksacks nach der Regenhaube zu suchen. Ganz oben liegen die Boxen mit den Snacks, ohne die es heute kein Kleinkind mehr über den Tag schaffen würde. Er gibt Ole eine Box mit Apfelschnitzen und gräbt sich wie ein Minenarbeiter durch die Spielplatzausrüstung.

Der Rucksack ist ein Museum der Paranoia. Er ist atombombensicher gepackt und beinhaltet alle Artikel zu allen erdenklichen Eventualitäten. Vom Antiallergikum bis zur Zeckenzange befindet sich alles darin, was je an Accessoires für ängstliche Mütter erfunden wurde. Der Rucksack ist ein gigantischer Konjunktiv. Das Kind könnte sich verschlucken, das Kind könnte fallen, das Kind könnte eine giftige Beere essen, das Kind könnte sich die Knie aufschlagen. Es könnte in die Hose pinkeln, Hunger bekommen oder – o Gott – vielleicht sogar nass werden. Hunger, Durst, kleine Verletzungen, alles Phänomene, die auch der Opa noch von seinen Kindern kennt. Doch damals gab es nicht für alles ein Gegenmittel oder ein »Tool«.

Irgendwo ganz unten, zwischen der Taschenlampe und den Urin-Teststreifen, ertastet der Opa endlich das harte Plastik der Regenhaube.

»Nutzen Sie auch die Weather-Platinum-App?« Als er aus dem Rucksack kriecht, sieht sich der Opa einem Mann in Funktionsweste und Trekkingsandalen gegenüber. »Es soll doch erst in vier Minuten regnen.«

»Meine Tochter hat mich angerufen.«

»Ich kann die Weather-Platinum-App nur empfehlen. Die gibt minutengenaue Prognosen und hat sensationelle Live-Kameras. Der Regenradar hat immer recht. So weiß ich, dass der Regen gleich nur zehn Minuten dauern wird. Nach Hause gehen lohnt sich nicht. Ein tolles Ding.«

Der Opa verzweifelt an der blöden Regenhaube. Das ist noch schwieriger, als kleine Strumpfhosen auf unwillige Kinderbeine zu ziehen. Am liebsten würde er fluchen, aber das darf er vor Ole ja nicht.

»Das mit den Marken-Regenhauben ist echt ein Problem. Da denken die Mütter immer, sie kaufen gleich den passenden Regenschutz zum Kinderwagen, dabei sind die No-Name-Regenhauben total kompatibel und die Usability ganz intuitiv.«

Krawumm – der erste Donner kracht vom Himmel. Wind wirbelt den Sand auf. Mütter schauen zum Himmel, Väter sammeln Spielzeug ein, Kinder schreien, manche, weil sie die Aufregung spannend finden, andere, weil sie sich erschreckt haben. Ole fängt an zu weinen. Der Experte bewahrt die Ruhe. Er hat die Sekunden vom Blitz zum Donner gezählt und mit 340 multipliziert. Er weiß, dass das Gewitter noch 1,7 km vom Spielplatz entfernt ist.

Der Opa steht am Rand unter einem Baum und beobachtet das Spielplatzpublikum. Plastikhauben werden über Kinderwagen gezerrt wie Frischhaltefolien über das übriggebliebene Abendessen. Taschenschirme schnellen auf Knopfdruck in den Himmel, als würden Pistolen einen Warnschuss Richtung Petrus abfeuern. Kleinkinder werden hastig in Ölzeug gesteckt, das an die Offshore-Anzüge von Hochseefischern erinnert.

In seiner Hosentasche brummt es. Eine SMS von seiner Tochter. Bestimmt vermutet sie, dass das Mobilfunknetz durch den Regen überlastet ist. Manchmal fällt es ihm schwer, die beiden Personen zusammenzubringen: die Tochter, die als Kind mit Begeisterung in wirklich jede Pfütze hüpfte, und die Tochter, die jetzt Mutter ist und ihm schreibt: *Lieber Papa, bitte rennt nicht vor dem Gewitter weg. Lebensgefahr wegen »Schrittspannung«. Wenn die Füße für den Schritt auseinandergehen, entsteht ein Spannungsunterschied und Strom kann durch den Körper fließen. Experten raten, mit geschlossenen Beinen aus dem Zentrum des Gewitters zu hüpfen. Bis gleich.*

Der Opa öffnet die Plastikluke des Regenverdecks. Ole schaut ihn ängstlich an.

»Sag mal, wollen wir beide gleich noch ein paar Pfützen leer hüpfen?«, fragt der Opa.

Ole lächelt.

Sonntag

11 Uhr: Das Duell

Langsam wird es wieder eng auf dem Spielplatz. Die beiden Schaukeln quietschen nonstop, an der Rutsche müssen die Kinder warten, bevor sie die Rinne runtersausen können, Lachen, Weinen, Quietschen und Schreien füllen die Luft. Jetzt sind alle Kinder da. Und mit ihnen die Eltern. Am Sonntag sind es meist beide – ist ja mal genug Zeit. Die Babysitter, Au-pairs, Nannys und Tagesmütter haben frei, und Großeltern kommen meist samstags, damit die Eltern was erledigen können.

Auf einer Bank sitzt der Businessdad mit seiner Frau. Theo spielt im Sand. Ein typisches Sonntagspaar, Betreuungsschlüssel 2:1.

Keiner sagt was. Schon seit Minuten. Eine fast meditative Ruhe herrscht hier inmitten des allgemeinen Spielplatzgeplärres. Theo kniet zwei Meter vor ihnen und baggert vor sich hin. Könnte das nicht immer so sein?

Noch während beide Eltern das denken, merkt die Mutter, dass der Junge anfängt, sich zu langweilen. Mütter spüren so was. Noch ehe etwas passiert, haben sie eine Vorahnung, dass das bald der Fall sein wird. Vielleicht, weil es zu friedlich ist. Oder weil zu lange nichts los war – kein Hunger, kein Durst, kein »müde«, kein »langweilig!«, kein »ich möchte jetzt ...«, kein »Maaaama«, schon seit Minuten. Sie weiß: Gleich muss wieder jemand springen. Das ist jetzt überfällig.

Der Businessdad neben ihr merkt dagegen rein gar nichts. Er sieht nur, dass Theo aufsteht und zur Wippe läuft. Dort angekommen, blickt er sich fragend Richtung Bank um, wo seine Eltern sitzen.

Da findet nun ein Duell statt wie in einem Western. Nur geht es hier nicht darum, wer zuerst schießt, sondern wer sich länger nicht rührt. Wer einknickt und zuckt, muss losgehen und wippen. Wer stillhält, darf weiter gemütlich auf der Bank sitzen.

Duelle dieser Art hat das Paar zigmal am Tag. Wer steht nachts auf? Wer wechselt die Windel? Wer rührt den Brei an? Wer gibt die Flasche? Wer schmiert den Kleinen morgens mit Sonnencreme ein? Wer putzt abends die Zähne? Wer besorgt Windeln und Feuchttücher? Wer reibt die Flecken aus dem Body? Wer hängt die Wäsche auf? Wer leert den Windelmülleimer? All das muss ausgehandelt werden. Jeden Tag aufs Neue.

Statistisch gesehen kennen diese Duelle nur einen Sieger: die Männer. Das haben unzählige Umfragen und Untersuchungen belegt. Eine Studie des Familienministeriums ergab, dass zwar 80 Prozent der jungen Frauen ein gleichberechtigtes Partnerschaftsmodell befürworten, aber gerade mal 40 Prozent der Männer. Diese Studie ist nicht aus dem Jahr 1950, sondern von 2009. Diese Schieflage stützt eine Umfrage des Instituts für Demoskopie in Allensbach. Hier gaben drei Viertel der Mütter an, die Hausarbeit ganz alleine oder zum größten Teil allein zu machen. Bezeichnenderweise haben besonders Haushaltsgerätehersteller das Verhalten von Paaren in ihren eigenen vier Wänden untersucht. Eine von Electrolux anberaumte Studie stellte fest, dass Mütter 77 Minuten Hausarbeit am Tag machen, Väter hingegen nur etwa die Hälfte. Der Staubsaugerhersteller Vorwerk wiederum fand heraus, dass 77 Prozent der Mütter bei der Familienarbeit »alles« respektive »das meiste« übernehmen; bei den Vätern seien das gerade mal 4 Prozent. 70 Prozent der Väter gaben in dieser Studie dagegen an, lediglich den »kleineren Teil« beziehungsweise »praktisch gar nichts« von der Hausarbeit zu übernehmen.

Im Alltag halten sich die Väter also stark zurück. Doch was ist, wenn mal etwas außer der Reihe passiert? Wenn beispielsweise ein Kind krank wird und nicht in die Kita oder in die Schule kann? Auch da präsentieren sich die Väter nicht gerade als Retter in der Not. In der Vorwerkstudie gaben 44 Prozent der Väter an, sie seien in solchen Fällen normal zur Arbeit gegangen, während die Mutter zu Hause geblieben sei. Umgekehrt gaben nur 4 Prozent der Frauen an, sie hätten zur Arbeit gehen können, weil ihr Mann zu Hause geblieben sei.

Die wohl profundeste Studie, das Verhalten von Paaren mit Kindern zu messen, kommt aus Amerika und wurde von der University of California durchgeführt. Ein Team von Wissenschaftlern war jeweils eine Woche bei 32 Familien aus der Mittelschicht zu Gast, bei denen beide Partner berufstätig waren, und beobachtete ihr Alltagsleben. Sie sammelten dabei 1540 Stunden Videomaterial. Zu den vielen Erkenntnissen, die sie daraus ermittelten, zählte etwa, dass die häufigste Raum-Person-Konstellation »Vater alleine in einem Zimmer« war. Außerdem wurden bei den Probanden regelmäßig Speichelproben entnommen, um den Level des Antistresshormons Cortisol zu messen. Das Ergebnis: Je länger sich Väter zu Hause aufhalten, desto niedriger ist ihr Cortisolspiegel. Sie entspannen sich also daheim von der Arbeit. So weit, so vorhersehbar. Überraschenderweise ist dies bei Müttern nicht so. Ihr Stresslevel sinkt kaum, wenn sie daheim sind. Sie geraten vom Stress der Arbeit in den nächsten Stress: die Hausarbeit. Was ihren Cortisolspiegel zum Sinken bringt, ist etwas, das sie, wie die typische Raum-Person-Konstellation andeutet, nur selten erleben: zu sehen, wie sich ihr Mann um Kinder und Hausarbeit kümmert.

»Wippen!« Theo brüllt jetzt, schon leicht beleidigt, nachdem seine fragenden Blicke Richtung Bank für keine nennenswerte Reaktion gesorgt haben. Er sitzt auf der Plastiksitzschale am einen Ende des Balkens, der andere ragt wie ein stiller Vorwurf in die Luft.

»Wann geht das eigentlich los, dass die Kinder alleine spielen?«, fragt der Vater, ohne wirklich eine Antwort zu erwarten. Wann geht er endlich zu ihm und spielt mit ihm, denkt die Mutter. Ist ja schließlich Wochenende, da könnte er ja mal ein bisschen Einsatz zeigen. Doch es hilft nichts. Er kommt nicht drauf.

Der Businessdad findet, sein Leben zu Hause sei noch mehr in Schichten, Zeitfenster und Deadlines gegliedert als der Arbeitstag im Büro. Morgens beim Frühstück Zeitung lesen – schon lange Vergangenheit. Da muss jetzt bereits das Kind gefördert werden. Abends nach dem Büro die Füße hochlegen – nicht mehr drin. Da muss jetzt noch vorgelesen werden. Aber er hat seine ganz eigenen Strategien entwickelt, wie er da durchkommt, ohne gleich einen Burnout zu erleiden: An manchen Stellen muss man sich einfach blöd stellen. Nachdem er beim Wickeln dreimal die Flügelchen an den Beinen nicht nach außen gestülpt hat und anschließend nicht nur Theos Windel, sondern auch sein Body vollgekackt war, übernimmt seine Frau das jetzt schon aus Selbstschutz. Manchmal hat ihm auch eklatantes Versagen weitergeholfen. Nachdem er einmal ein paar Seidenblusen seiner Frau kleingewaschen hat, darf er nicht mehr an die Waschmaschine. Beim Ausräumen der Spülmaschine ist seine Mithilfe auch nicht mehr gefragt, seit er zwei Untertassen des Hochzeitsgeschirrs zerdeppert hat. Kochen kann er sowieso nicht. Und zum Einkaufen schickt ihn seine Frau nie; da hätte sie keine ruhige Minute, weil sie fürchtet, dass er die Hälfte der Sachen vergisst, die sie ihm auf die Liste geschrieben hat.

Mittlerweile weiß seine Frau allerdings, wie sie darauf reagieren muss. In letzter Zeit wurde er auffallend oft gelobt, und zwar für Dinge, die so banal sind, dass sie ob ihrer Unterkomplexität keines Lobes bedürften. »Schahaatz, kannst du heute Theo die Zähne putzen? Du kannst das so gut. Bei dir ist er viel geduldiger als bei mir.« Keine Frage. Das ist ein strategisches Lob. Der Businessdad kommt dann nicht umhin, dem nörgelnden Theo mit der Dino-Bürste die Zähne zu putzen: oben, unten, links, rechts, innen, außen – immer wie eine Wolke, so wie es das Krokodil in der Kita vorgemacht hat. Ihm hat das wiederum seine Frau vorgemacht, damit er es bei Theo so durchführt. Sie steht sogar meist daneben und kontrolliert ihn dabei. Aus gutem Grund: Einmal hat sie ihn erwischt, als er längst mit dem Putzen aufgehört hatte, obwohl die Sanduhr noch rieselte.

Wenn aus Paaren Eltern werden, müssen sie sich an zwei völlig neue Menschen gewöhnen: an das Baby und an den Partner. Der hat mit der Person, die er war, bevor man gemeinsam mit gepackter Kliniktasche unter Wehen ins Krankenhaus fuhr, oft nur noch wenig zu tun. Manche Partner entpuppen sich unversehens als Bio-Fundamentalisten, andere können tagelang nur noch »Duziduzi« sagen und in Diminuitiven sprechen (»Feinifeinifeini! Du kleines süßes Butzelmäuschen.«). Es gibt auch die Überbesorgten, die Überspannten, die Überforderten, für die das Leben mit Kind eine Aneinanderreihung von Grenzsituationen ist. Oder die Narzissten, die dauernd die Liebe der Kinder einfordern müssen, um sich bestätigt zu fühlen.

Die Frau des Businessdads hat mit der Geburt einen obsessiven Kontrolltick entwickelt, den er so gar nicht an ihr kannte. Zwar war sie auch früher schon gewissenhaft, aber dass sie Theo alle zehn Minuten an die Stirn fasst, um zu kontrollieren, ob er Fieber haben könnte, ihm beim Schlafen den Finger unter die Nase hält, um zu checken, ob da noch ein Luftzug zu spüren ist, und nächtelang googelt, welche Kekse wirklich zuckerfrei sind – all das hat ihn dann doch sehr gewundert.

»IIIIIICCCHHH WILLL JETZT WIIIIPPPEN!« Auf der Wippe verliert Theo die Geduld. Er zieht jetzt alle Register! Er schreit rum und presst die Augen zusammen in der Hoffnung, dass ein paar Tränen rauskommen. Ein klarer Fall von fingiertem Weinkrampf. Das kennt der Businessdad schon. Gleich wird sein Sohn rot anlaufen, dann anfangen zu kreischen und sich schließlich als großes Finale auf den Boden werfen. Spätestens dann werden sich alle anderen Eltern auf dem Spielplatz umdrehen und schauen, warum sich niemand um das arme Kind auf der Wippe kümmert.

Seine Frau, das weiß der Businessdad aus sonntäglicher Erfahrung nur zu gut, hält so einen Anfall keine zehn Sekunden lang aus. Sie würde aufspringen und zu Theo eilen, um ihn zu trösten und den Rest des Vormittags zu bespaßen. Gewonnen hätte der Businessdad damit nichts. Sie würde bis spätabends garantiert kein Wort mehr mit ihm sprechen.

Dieses Duell geht darum an seine Frau. Gerade als Theos Gesicht sich von rosigen Frische-Luft-Backen in ein feuerwehrfarbenes Wutanfall-Rot verfärbt, steht der Businessdad auf, stöhnt dabei, als plagten ihn große körperliche Schmerzen, und schlurft die sieben Schritte rüber zur Wippe. Geht nicht anders: Am Sonntag, das weiß er, muss er liefern. Der Spielplatz ist der Ort der Wahrheit, wenn es um die Gleichberechtigung in der Beziehung geht. Die quietschende Tür am Eingang ist eine Art Zähler: Wer kommt wie oft hierher? Wer kümmert sich wie sehr? Wie viele Nachmittage macht die Mutter? Und wichtiger, weil seltener, wie viele der Vater? Wann kommt er, wann geht er wieder? Und wenn er da ist, spielt er dann auch mit den Kindern oder googelt er nur auf seinem Handy herum?

Schubst er das Kind auf der Schaukel mit beiden Händen an, oder telefoniert er währenddessen mit einer Hand? Klettert er mit auf die Rutsche, oder raucht er verstohlen in einer Ecke?

Natürlich sind die Geschlechterverhältnisse in Bewegung, nur eben extrem langsam, und nicht immer geht es in die Richtung, die man eigentlich erwartet. 2007 wurde das Elterngeld eingeführt. Immerhin 30 Prozent der Väter gehen aktuell in Elternzeit. Die meisten davon (77 Prozent) nehmen allerdings nur die Mindestzeit von zwei Monaten Elternzeit in Anspruch, und selbst die werden oft gesplittet und für einen Familienurlaub genutzt anstatt für den eigentlichen Zweck: nämlich dafür, dass die Frau wieder ihre Arbeit aufnehmen kann, gerne auch in Vollzeit.

Nach der Elternzeit allerdings geht in 90 Prozent der Fälle der Mann zurück in die Vollzeittätigkeit. Statistisch gesehen bleiben die meisten Väter sogar länger im Büro als vorher. Frauen mit minderjährigen Kindern arbeiten dagegen zu 69 Prozent in Teilzeit. Bei den Vätern sind das gerade mal 5 Prozent. Wenn moderne Paare heute in den Kreißsaal treten, kommen sie nicht selten wie Eltern aus der miefigen Nachkriegszeit wieder heraus. Die Soziologie hat dafür bereits einen Begriff gefunden: die Retraditionalisierung der Paarbeziehung.

Nur sollte es halt nicht gleich so aussehen. Das Ideal der modernen Beziehung ist ja nach wie vor die Gleichberechtigung. Von einer modernen Frau wird erwartet, dass sie arbeitet, von einem modernen Vater, dass er sich auch um die Kinder kümmert. Keine einzige Frau auf dem

Spielplatz schimpft nicht dann und wann darüber, wie wenig ihr Mann mit den Kindern mache und wie selten er zu Hause helfe. Und kommt einmal ein Vater öfters auf den Spielplatz, wird dieser gleich als Druckmittel gegen andere Väter verwendet, die nicht so oft kommen. Ist ein Vater dagegen eher ein Zaungast, der nur alle Schaltjahre vorbeikommt, tuscheln die Frauen: »Ach schau mal, das ist der Vater von Theo. So sieht der also aus. Sie sieht man ja oft, aber er kümmert sich so gut wie gar nicht um sein Kind.«

Der Sonntag ist so gesehen ein guter Tag für ein wenig väterliches Schaulaufen auf dem Spielplatz – PR in eigener Sache sozusagen. Alle sind da. Der Businessdad kann etwas Boden gutmachen, den er unter der Woche nie aufholen würde, denn da muss er ja ins Büro. Er wippt nun ein bisschen, und Theo strahlt vor Glück. Die Mutter ist zufrieden und winkt den beiden von der Bank aus zu.

Dann verlässt Theo die Lust. Er steigt ab und sagt: »Hunger.«

Der Businessdad geht rüber zur Bank und fragt seine Frau: »Schatz, haben wir eigentlich was zum Essen dabei?«

Die Mutter schaut entgeistert: Zwei Jahre ist Theo nun alt. Er ist seit mehr als 750 Tagen auf der Welt. Die erste Woche vielleicht ausgenommen, wo sie mit höllischen Schmerzen im Wochenbett lag, hat sie an jedem dieser Tage eine Tasche für den Spaziergang oder den Spielplatz gepackt, und nie war auch nur einmal *nicht* ausreichend zu essen und zu trinken mit drin.

»Schatz, hast du eigentlich schon mal deine Krawatte vergessen, bevor du ins Büro bist?«, fragt sie spitz.

Der Businessdad tut so, als habe er das nicht gehört, und nestelt an der Wickeltasche herum. Dort findet er zwei Windeln, eine Wickelunterlage, eine Tube, auf der *Calendula Wundcreme* steht, und eine Packung Feuchttücher. Hier ist also schon mal nichts zu essen drin. Dann sucht er in der Tasche seiner Frau: Handy, Schlüssel, Lippenstift – auch nichts zu essen. Seine Frau sieht ihm schweigend zu bei seiner verzweifelten Suche. Schließlich entdeckt der Businessdad eine Wildledertasche, die über dem Bügel des Kinderwagens hängt. Hat er noch nie gesehen, muss aber ihnen gehören, wenn sie an ihrem Kinderwagen hängt. Vielleicht ist da ja was zu finden. Und in der Tat, er stößt auf eine Tupperdose mit geschälten Äpfeln, eine kleine Dose mit irgendwelchen Keksen – Moment: Bekommt Theo wirklich Kekse? –, eine bananenförmige Plastikbox mit einer Banane drin und ein Gläschen Heidelbeertrinkjoghurt.

Mit dem Brei geht der Businessdad nun zu Theo. Er kommt nicht weit. »Bist du verrückt? Die Flecken kriegst du nie raus!«, keift seine Frau.

Der Businessdad dreht ab. Also besser die Kekse? Darf Theo das? Und wenn ja, seit wann? Er selbst ist ja strikt dagegen – die Kinder sollen nicht mit Süßkram vollgestopft werden.

»Seit wann gibst du Theo Kekse?«, fragt der Businessdad.

»Das sind Dinkelstangen«, erwidert seine Frau.

Nun findet er ganz unten in der Tasche noch eine Breze. Die muss doch okay sein, oder? Doch kaum will er die Breze Theo in die Hand drücken, schallt es von der Seite: »Erst mal das Salz wegkratzen!«

Vielleicht ist das Paar ja gar nicht die ideale Einheit, um Kinder aufzuziehen. Stimmt das durchgenudelte, angeblich afrikanische Sprichwort etwa, das besagt, es brauche ein ganzes Dorf, um ein Kind großzuziehen? Nachts, wenn der Businessdad nicht schlafen kann, schaut er manchmal im Fernsehen diese typischen Spätprogramm-Dokus. In denen geht es entweder um Kriege, Tiere oder Naturvölker. Einmal kam etwas über die Yora in Peru. Bei denen nehmen die Kinder fast die Hälfte der Mahlzeiten gar nicht bei den Eltern ein, sondern bei anderen Familien. Ähnlich handhaben es die Piraha in Brasilien – da laufen die Kinder im ganzen Dorf umher und alle Bewohner gelten als Verwandte, die mit »Onkel« oder »Tante« angesprochen werden und entsprechend auch Verantwortung für sie übernehmen. Das wirkte wahnsinnig praktisch. Ob die sich dort jemals streiten, wer wann was mit den Kindern macht?

»Weißt du, wie man selber schaukeln kann?«, fragt der Businessdad, der Theo gerade anschubst. Er hat schon die halbe Sahara in den Schuhen, motiviert sich aber damit, dass der Vormittag ja fast schon vorbei ist und er nach seiner furiosen Spielleistung am Nachmittag selbst faul auf der Bank herumsitzen kann wie seine Frau gerade. »Du musst die Füße nach vorne strecken und den Rücken nach hinten lehnen, wenn du nach vorne fliegst.«

Theo grinst.

»Schau, so.« Der Businessdad versucht, ihm pantomimisch die Bewegung vorzumachen.

Theo lacht, bewegt sich aber keinen Millimeter. »Noch doller«, ruft er stattdessen.

Was soll's, denkt der Businessdad. Er schubst ihn noch einmal kräftig an. Gleich muss er Mittagschlaf halten. Gleich gehen sie nach Hause. Zum Glück.

13 Uhr: Der Guantánamo-Komplex

Am liebsten wäre die Guantánamo-Mutter 35 Jahre jünger. Dann wäre sie fünf, so wie ihre Tochter Klara, dann könnte sie ihrer schlechten Laune einfach freien Lauf lassen. Wie gerne würde sie bei Langeweile einfach nur brüllen, lauthals weinen, wenn sie Hunger oder Durst hat, und jemandem, der sie nervt, kurzerhand eine Schaufel über den Schädel ziehen.

Die Guantánamo-Mutter bekommt sofort schlechte Laune, sobald sie das Spielplatzvolk nur sieht, das sich gegenseitig auf den Füßen rumtritt. Dahinten die Von- und-zu-Mütter in ihren Steppjacken, die ihr Blechspielzeug aus den Hermès-Schuhbeuteln in den Sand kippen. Denen würde sie gerne einmal eine Schippe Sand auf ihre Cashmere-Pullover donnern. Was wissen die schon vom Muttersein mit all ihren Nannys? Oder auf der Rutsche der Vollpfosten mit Neon-Sneakern, der vor seinem Kind herumhampelt, als habe er eine Wespe verschluckt. Dem würde sie gerne mal fest in den Oberschenkel beißen. Und dahinten bei den Sträuchern die Hardcore-Eso-Tante, die vor ihrer Tochter kniet, als sei das kleine Zottelmonster eine Gottheit. Jetzt eine Stinkbombe in ihren Dritte-Welt-Jutebeutel werfen, das wäre zu schön.

Glücklich, das sind die anderen. Am Sonntag haben sie ihren großen Auftritt. Familien treten auf die Spielplatzbühne, zurechtgemacht wie für eine Hundeshow. Sich kümmernde Väter, lachende Mütter, wie Pudel dressierte Kinder, die am Ende des Tages »Ich hab dich so lieb« oder »Mama kann alles« rufen. Die machen sich doch alle was vor mit ihrem zur Schau gestellten Glück. Oder gibt es wirklich Eltern, die sonntags nichts Besseres vorhaben, als Knie zu pusten und Kinderrotz von der Nase zu wischen?

Die Guantánamo-Mutter versteht das alles nicht. Sie empfindet das Muttersein als Folter, als ein Internierungslager unter übelsten Haftbedingungen. Jeder Tag mit den Kindern bedeutet für sie Kampf und Verzicht. Für sie ist Muttersein ein klarer Verstoß gegen die Menschenrechtskonvention. Ein kilometerlanger Grenzzaun aus stinkenden Windeln trennt sie vom normalen Leben.

Eine besonders perfide Form der Mutterfolter sind die Vormittage auf dem Spielplatz. Dort trifft maximale intellektuelle Unterforderung auf totale Reizüberflutung – eine Mischung, die ihre Mundwinkel zentnerschwer nach unten zieht. Halbwegs erträglich sind die Sandstunden nur, wenn man Glaubensschwestern trifft oder den vermeintlich Glücklichen mal den Guantánamo-Spiegel vorhalten kann.

»Mama, kann ich mit Leonie spielen?«, fragt Klara.

»Wenn es sein muss.«

Das kann ja heiter werden. Denn das heißt, sie darf den ganzen Vormittag mit Leonies Mutter abhängen, die so spannend ist wie eine Bügelstation. Vielen Dank auch.

»Hallo! Na, gut in Förmchen?«, zwitschert da schon Leonies Mutter heran. Die Miese-Laune-Mutter quält sich ein Lächeln ab, obwohl sie der Hochschwangeren ihre blöden Förmchen am liebsten sonst wo hinstecken würde.

»Ist ja herrlich mit der Sonne heute. Barfuß im Sand ist doch fast wie im Urlaub«, säuselt die Hochschwangere.

»Du bist doch voll auf Hormonen«, knurrt die Nie-ist-mein-Tag-Mutter zurück. »Urlaub mit Kindern ist kein Urlaub.«

»Wir waren gerade zwei Wochen auf Teneriffa in einem Kinderclub-Hotel. Das war herrlich.«

»Wir waren zwei Wochen an der Ostsee, und ich dachte, ich überleb das nicht.«

»Ich sag nur: KIN-DER-BE-TREU-UNG. Dann scheint auch über dem Ehebett mal wieder die Sonne«, zwinkert ihr Leonies Mutter zu.

»Und wann ist euer Leben endgültig vorbei?«, mault die Guantánamo-Mutter und deutet auf den walfischgroßen Bauch der Schwangeren.

»Termin ist in zwei Wochen. Aber Leonie kam ja auch ein bisschen später.«

»Die kommen immer dann, wenn das Konto endgültig leer ist. Unglaublich, was die paar Zentimeter Mensch so kosten.«

»Beim zweiten soll man ja viel entspannter sein. Die laufen wohl so mit.«

»Den Glauben gibst du an der Kreißsaal-Türe ab. Mit dem zweiten Kind biegst du endgültig in die Müttersackgasse. Ein zweites Kind ist nicht hundert Prozent mehr Arbeit, sondern tausend Prozent. Du musst deine Nächte durchmachen wie beim ersten und hast dann morgens noch das zweite Kind an der Backe. Dein Körper ist endgültig hinüber, die Partnerschaft im Eimer. Mitlaufen – so ein Quatsch. Die zweiten Kinder machen sich genauso in die Hose wie die ersten.«

»Und findest du deine beiden nicht auch mal süß?«

»Klar sind die manchmal süß. Sonst würde doch kein Baby die Anfangsjahre überleben. Am süßesten sind sie natürlich, wenn sie schlafen.«

»Sag mal, macht es dir was aus, wenn wir ein bisschen stehen? Ich kann nicht mehr so gut sitzen.«

»Schwangerschaftshämorrhoiden, verstehe. Fies.«

»Ist das Ihre Tochter?«, unterbricht eine aufgebrachte Mutter das ungleiche Gespräch und zeigt auf eine der Guantánamo-Töchter.

»Klar. Oder glauben Sie, ich bin freiwillig hier?«

»Ihre Tochter war gerade ganz gemein und lässt meine Joy-Justine nicht mitspielen.«

»Das ist ihr gutes Recht. Wir sind hier nicht in Bullerbü.«

»Okay, sehe schon. Gegen Sie ist Ihre Tochter ja herzallerliebst.«

»Danke, wir kaufen nichts«, beendet die Guantánamo-Mutter das Gespräch. Langsam wird es Zeit, nach Hause zu gehen. Morgen wird Klara sechs. Die *New York Times* berichtete kürzlich, Menschen mit Kindern zwischen sechs und zwölf seien am glücklichsten. Hoffentlich ist da was dran.

15 Uhr: Der Kindergeburtstag

»Dahinten ist es«, sagt Kuegelchen23 zu Shyla, als sie das Tipi-Zelt sieht, das auf dem Spielplatz aufgebaut ist. Vor dem Zelt sitzen bereits ein paar als Indianer verkleidete Kinder. Ihre Eltern, denen eine Feder ins Haar gesteckt wurde, schauen verschüchtert drein. Der Jubilar ist schnell gefunden. Die ungute Mischung aus Aufregung, Überforderung und Reizüberflutung lässt das Indianergeburtstagskind abwechselnd weinen oder hysterisch schreien. Auch ohne Schminke glüht sein Kopf scharlachrot. An seinem Kostüm hängt ein Button, auf dem sein Indianername für das heutige Fest zu lesen ist: *Gefeierte Sonne*.

Da eilt auch schon die als Indianerin verkleidete Mutter auf Kuegelchen23 und Shyla zu: »Hu-hu-Hugh, Pupurne Feder und Großer Schuh. Schön, dass ihr da seid. Mögen die Muffins mit euch sein. Wir warten, bis der Stamm vollzählig ist, und dann bringen wir das Wigwam zum Wabern.«

Die Stammesmutter ist hoch motiviert. Auf diesem Fest ist nichts dem Zufall überlassen. Es ist seit Wochen bis in die kleinste Indianerfeder durchdacht. Dieser Kindergeburtstag ist der Auftritt einer liebenden, engagierten und kreativen Mutter. Es ist ihr ganz großer Tag. Ein schreiendes Geburtstagskind ist da nur ein Detail.

Als alle Gäste vor Ort sind, tritt sie vor die Kindergeburtstagsgemeinde.

»Schön, dass ihr alle in unserer kleinen Prärie erschienen seid. Wer es nicht mehr geschafft hat, ein Kostüm zu nähen, kann sich hinten aus dem Weidenkorb ein Ersatzkostüm nehmen und sich dann von unserer Make-up-Artistin Linda schminken lassen. Keine Sorge, die Farben sind alle biologisch abbaubar. Wir machen auch keine Kriegsbemalung, sondern nur Friedensmotive. Nehmt euch einfach ein Handout und sucht euch ein Motiv aus. Bevor wir gleich mit dem Spiel beginnen, möchte ich alle, die zum Nikotin-Stamm gehören, bitten, ihre Friedenspfeife vor dem Spielplatz und außer Sichtweite aller kleinen Indianer zu paffen. Danke. Hugh!«

Kuegelchen23 ist peinlich berührt. Trotz ihrer Sympathie für Urvölker aller Art ist sie froh, wenn Shyla endlich vier ist. Sobald die vierte Kerze auf dem Geburtstagskuchen brennt, gehen Kinder in der Regel alleine auf Kinderfeste. Und dieser Indianergeburtstag ist einer der ganz ambitionierten Sorte. Während Kuegelchen23 noch mit Eierlauf, Topfschlagen und Blinde Kuh groß geworden ist, gruselt sie sich jedes Mal, wenn wieder eine Kindergeburtstagseinladung im Kita-Garderoben-Fach glitzert. Schon die Einladungen machen unmissverständlich klar, dass es sich um weit mehr als Eierlaufen handelt. Die Hochglanzdrucke sind von professioneller Hand gestaltet – wohl dem, der eine Artdirectorin als Patentante zur Hand hat. Ansonsten hilft einem wenigstens die Online-Druckerei bei der themengetreuen Gestaltung.

Die quietschbunten Einladungen sind die Beliebtheitsorden in der Kita. Manche Mütter stöhnen: »Schon wieder ein Kindergeburtstag. Das ist schon der dritte in der Woche. Mir fällt ja gar kein Geschenk mehr ein.« In Wirklichkeit will die Mutter aber bewundert werden, weil der Nachwuchs so beliebt ist bei den anderen.

Ein einziges Mal hatte Shyla eine selbstgestaltete Geburtstagskarte im Fach. Die Karte sah aus, als habe man einer Horde Grobmotoriker Wachsmalstifte zwischen die Zehen geklemmt und sie gebeten, über die Karte zu schlurfen. Ah, endlich eine Mutter, die aus dem gleichen Bienenwachs wie ich geformt ist, dachte sich Kuegelchen23 damals. Bis sie feststellte, dass es sich um eine formvollendete Einladung zum »Back-to-the-roots-Retro-Bash« handelte. Die Eltern kringelten sich auf jener Feier vor Lachen, als man, so wie früher, Topfschlagen, Sackhüpfen und Würstchenschnappen spielte. Hier konnte man seine Sentimentalität ausleben. Das Geburtstagskind wurde erst zwei, und die 15 geladenen Kindergäste waren noch viel zu klein für Spiele. Um die kümmerten sich ohnehin die angemieteten pädagogischen Allrounder – für 30 Euro die Stunde.

Der Markt rund um Kindergeburtstage hat in den letzten Jahren gewaltig an Fahrt gewonnen. Längst genügt es nicht mehr, dem Kind einen Kuchen zu backen, Kerzen auszupusten und Freunde nach Anzahl der Geburtsjahre einzuladen. Der Kindergeburtstag 2.0 darf nicht ohne Motto stattfinden, und passend zum Motto findet man im Netz schlichtweg alles – vom Aufkleber bis zum Zahnstocher, über die mietbare Verkleidungskiste bis hin zum Kindergeburtstagskomplettpaket. Der Anbieter Tollkids zum Beispiel organisiert Mottopartys für 7 bis 12 Kinder für 750 Euro. Das Rundum-Sorglos-Paket verschickt dafür auch die Einladungen und stellt den mütterlichen Zeremonienmeisterinnen zwei pädagogische Sidekicks zur Verfügung. Auf Wunsch wird auch das Geburtstagsgeschenk des Kindes organisiert.

Doch auch ohne Kindergeburtstagsanbieter fordert das Internet den mütterlichen Ehrgeiz heraus. Googelt man ein einfaches Kuchenrezept, kann man gleich auf die Kuchentafeln anderer Mütter blicken. Wer serviert da noch einfache Gurkensticks, wenn man auch kunstvolle Gurkenschlangen anbieten kann? Frikadellen bekommen heute Spinnenbeine, und sogar die Tischkärtchen sind in einer kleinen Nachtschicht schnell noch selbst gebacken. Eine einfache Google-Suche suggeriert: Wenn jede x-beliebige Internet-Mutti ihrem Kind einen so liebevollen Kuchen macht, kann ich meinem eigenen Kind doch nicht mit einer Backmischung kommen. Außerdem möchte man am Ende des Tages ja auch noch ein paar Likes für die auf der Facebook-Seite geposteten Party-Bilder kriegen. Ein Kindergeburtstag findet heute längst nicht mehr nur auf dem Kindergeburtstag statt.

Bei allen, die ihre Kinder und ihre Bedürfnisse sowieso jeden Tag in den Mittelpunkt stellen, muss am Geburtstag noch einer draufgesetzt werden. Oft liest sich der normale Wochenplan eines Kita-Kindes schon wie von einem Eventmanager geplant: montags Kids-Kreativ-Workshop, dienstags Zurück-zur-Natur-Wald-Event, mittwochs Kinder-Yoga, donnerstags Zoo, freitags Kinderkonzert mit Live-Cooking. Da wären Eierlauf und Topfschlagen zum Geburtstag ein gigantischer Erlebnisabstieg.

Wer mit diesem Wahnsinn angefangen hat, weiß keiner mehr so genau. Fest steht: Der Kindergeburtstagsmottovirus ist ansteckender als jede Windpocke. Mütter sind nicht zuletzt Konkurrentinnen, und im täglichen Wettlauf um die Rolle der besten Mutter würde man seinen

Platz auf dem Ehrentreppchen doch nicht bloß wegen eines unmotivierten Kindergeburtstags hergeben. Dann lieber ein paar Tage freinehmen und sich professionelle Hilfe holen, sofern man sich das leisten kann.

Bei der Einladung zum Indianergeburtstag war Kuegelchen23 gleich klar, dass die Reise nicht nach Jerusalem führen würde. Jeder Gast bekam einen Lederbeutel, in den der Name des Kindes eingestickt war. Im Beutel befanden sich selbstgebastelte Buttons, auf denen die Indianernamen des Kindes und der Mutter standen, eine Feder sowie eine Einladungskarte in Zeltform. Darin konnte man lesen:

Liebe Purpurne Feder, am 17. Juli möchte ich, Gefeierte Sonne, meinen Indianergeburtstag mit Dir feiern. Wenn der Sonnentanz klappt, feiern wir bei gutem Wetter ab 15:30 Uhr auf dem Parkspielplatz. Gebt uns doch ein Rauchzeichen, ob Ihr kommen könnt und ob wir beim Buffet auf Allergien oder Zuckerfreikostler Rücksicht nehmen sollen.

Kleine Anmerkung: Uns ist bewusst, dass die politisch korrekte Bezeichnung für Indianer »Amerikanische Ureinwohner« lautet. Wir haben uns aber im Namen des Kindergeburtstags für die in Deutschland verbreitete Sammelbezeichnung für die indigenen Völker Amerikas entschieden.

Geschenke: Damit Ihr Euch nicht den Kopf zermatern müsst, liegen Geschenkelisten in den Läden »Kleine Käfer« und »Mini&Max« aus. Falls Ihr selber kreativ werden wollt, denkt bitte daran, dass Gefeierte Sonne ohne Plastikspielzeug und Waffen aufwächst. Danke.

Kinderläden wie Kleine Käfer und Mini&Max in kinderreichen, gentrifizierten Vierteln deutscher Großstädte sind für Kuegelchen23 der Vorhof zur Hölle. Dort gibt es regaleweise fremdbestimmte Bedürfnisse und dazu diese komischen Häkelplüschtiere, die sich die Mütter in ihren Showroom – dem früheren Kinderzimmer – stellen. Außerdem weiß jede Mutter spätestens nach dem zweiten Kindergeburtstag, dass die drei Geschenke unter zehn Euro, die aus Höflichkeit auf die Wunschliste gestellt wurden, sofort vergriffen sind.

Zum Glück hat Kuegelchen23 im Forum letzte Woche nach einer guten Idee für einen Indianergeburtstag gefragt. MutterErde44 hatte daraufhin den genialen Einfall, einen kleinen Betrag an das St.-Josefs-Hilfswerk zu spenden. Die kümmern sich um die kleinen Lakota-Indianer. Außerdem hat Kuegelchen23 noch eine kleine Bärentrommel vom letzten schamanistischen Seminar über. Und mit spirituellen Wegbegleitern verhält es sich wie mit Kuscheltieren im Kinderzimmer: Man kann nie genug davon haben.

»Wollen wir der Gefeierten Sonne mal ihr Geschenk geben? Oder magst du lieber zum Kinderschminken?«, fragt Kuegelchen23 ihre Kleine.

»Kinderschminken«, antwortet Shyla.

Shyla findet die Party ganz gut. Als Kind einer Mutter, die Wert auf Entfaltung eigener Fantasie legt und eine glühende Gegnerin aller Welten wie Prinzessin Lillifee, Hello Kitty oder Angry Birds ist, ist dieses Fest hier für sie zwar etwas ungewohnt, aber zumindest bunt. Und mit etwas Glück kann sie vor der Zensur ihrer Mutter ein paar verbotene Give-Aways aus der Mitgebsel-Tüte fischen.

Shyla und ihre Mutter gehen zur Schminkstation. Dort beherrscht die Make-up-Artistin Linda ihr pädagogisches Einmaleins. Sie bückt sich zu Shyla hinunter und fragt: »Hugh, welch hübsche Squaw haben wir denn hier?«

»Ich bin die Shyla. Schmink mich.«

»Das mach ich gerne. Hast du dir denn schon ein Friedensmotiv ausgesucht?«

»Nö.«

»Also, es gibt den Ölzweig, die Bärentatze, die Feder, das Huhn ...«

»Ich möchte Smokey Eyes!«

»Smokey Eyes? Die stehen leider nicht auf der Liste. Meinst du vielleicht das Sonnengesicht, das Sunface, das Symbol für das Wohlergehen der Menschen?«

»Nein, Smokey Eyes.«

»Hmm, na gut, dann mache ich dir die Welle. Die kann ich dir um die Augen machen. Das ist das Symbol für Leben und Wohlergehen, und sie sind so etwas wie nordamerikanische Smokey Eyes.«

»Okay«, gibt sich Shyla geschlagen.

»Und wusstest du schon, dass die Gesichtsbemalung der Indianer die Urform des Bodypaintings ist?«

»Nö.«

»Außerdem schützten die in den Farben enthaltenen Naturstoffe früher die Ureinwohner Amerikas vor der starken Sonneneinstrahlung und konnten sogar Insekten abwehren.«

»Hmmm.«

»Traditionell bemalen sich die Indianer für ihre Feste oder zum Schutz vor Geistern.«

Linda beendet ihren mühevoll auswendig gelernten Vortrag. Schminken allein reicht heutzutage eben nicht mehr. Aber wenn sie das heute gut macht, wird sie von den anderen Müttern vielleicht für die nächste Party gecastet. Denn jedes Kind hat unvermeidlich einmal pro Jahr Geburtstag.

»Fertig, kleine Squaw«, flötet Linda limonadensüß und reicht Shyla den Handspiegel.

Shyla sieht jetzt aus wie eine Mischung aus Kinderindianer und Bordsteinschwalbe. Sie ist hellauf begeistert. Trotzdem will die esoterische Mutter partout nicht nach Lindas Nummer fragen. Die hat es wohl nicht so mit Schminke, denkt sich die Make-up-Artistin mit Blick auf die unnötig zur Schau gestellten Hautunreinheiten von Kuegelchen23 und schiebt die beiden eilig aus dem Schmink-Tipi.

Als auch das letzte Kind sich in einen Indianer verwandelt hat, wird das Buffet eröffnet. Passend zum Motto gibt es heute alkoholfreie Feuerwasser-Bowle, Keks-Wigwams, die wie kleine Lebkuchenhäuschen zusammengeklebt und verziert sind, glutenfreie Indianer-Muffins, zuckerfreie Bellahontas-Cupcakes, vegane Indianer-Cake-Pops und dazu allerlei in Federform zurechtgeschnitzte Gemüsesorten. Kein Strohhalm, Pappteller oder Pappbecher blieb vom mütterlichen Indianer-Dekowahn verschont. Als ginge es um den Relaunch einer großen Industriemarke, hängen überall Fähnchen, Wimpelchen oder Aufkleberchen mit dem eigens für den Kindergeburtstag gestalteten Indianerlogo.

Kuegelchen23 ist das alles zu viel. Am liebsten würde

sie es wie die anderen Eltern machen und sich etwas mit dem tollen Prosecco betäuben, der hier immerhin gereicht wird. Beschwipst würden die nächsten zwei Stunden bestimmt angenehmer vergehen. Doch Alkohol geht in die Muttermilch, und die jüngste ihrer drei Mädchen, Cosma, wird ja noch gestillt.

Nach dem Essen gibt es bei den meisten Kindergeburtstagen erst mal Programm. Das können Spiele, Schatzsuchen oder musikalische Darbietungen sein. Undenkbar, die Kinder für ein paar Stunden sich selbst zu überlassen und darauf zu vertrauen, diese würden sich selbst einen Zeitvertreib suchen. Damit keine Langeweile aufkommt, hat die Stammesmutter verschiedene Spielstationen auf dem Spielplatz aufgebaut. Die Gäste können sich Federkronen basteln, einen Panflöten-Schnellkurs machen, Mandalas legen oder Bogenzielen üben.

Kuegelchen23 und Shyla haben sich für die gemeinsame Mutter-Kind-Aktivität entschieden: den Friedenspfahl. Hier werden schlechte Eigenschaften auf Tonpapier gemalt, um sie dann gemeinsam an den Friedenspfahl zu martern.

Der Friedenspfahl ist ein mit Kreidefarben angemalter Holzpfahl eines Spielgeräts. Die Stammesmutter höchstpersönlich managt diese Spielstation. Die Indianernamen, die die Gäste heute tragen, hat sie sich am Vorabend von ihrem Mann mehrmals abfragen lassen. Sie sitzen wie aus dem FF.

»Hugh, Purpurne Feder und Großer Schuh. Welche schlechte Eigenschaften wollt ihr heute martern?«

Shyla schweigt.

Kuegelchen23 antwortet. Sie hat ja schon eine große Tochter und weiß, dass bei Kindergeburtstagen unter vier sowieso nie ein Kind das Programm mitmacht.

»Gier und Plastiktüten benutzen.«

»Ah! Das lesen meine Adleraugen gerne. Diese Eigenschaften wollen wir sofort aus unserem Stamm verbannen.«

Die Stammesmutter heftet die schlechten Eigenschaften mit Reißnägeln in Federform an den Friedenspfahl und rennt dann viermal stampfend und mit Indianergeheul um den Holzpflock. »Nie wieder Giehihihihihier. Niehihihihhihihihihie wieder Plawawawawawawawastiktüten!«, schallt es über den Spielplatz. Dabei schlägt die Stammesmutter sich immer wieder mit der Hand auf den Mund, um ein ohrenbetäubendes Trällern zu erzeugen. Shyla stimmt in das Geheul ein – sie hat genug und außerdem Angst.

Als Kuegelchen23 vier als Indianer verkleidete Männer mit Instrumenten in der Hand auf den Spielplatz biegen sieht, bekommt auch sie es mit der Angst. Sie kombiniert blitzschnell: Stromaggregat, Verstärker, vier Indianer mit Instrumenten, Fußgängerzone, Überraschungsauftritt.

Sie klemmt sich die schreiende Shyla unter den Arm und ruft der Stammesmutter zu: »Wir müssen. Die kleine Cosma ist bei ihrer Oma und muss dringend gestillt werden.« So schnell sie kann, läuft sie vom Spielplatz und vergisst dabei die Mitgebsel-Tüte. Sie verpasst den Traumfänger, die personalisierte Panflöte, Indianertattoos und den Yakari-Kaktus-Serviettenring. Und natürlich den

Adlertanz, den Eltern und Kinder nach einem kurzen Tutorial der Stammesmutter tanzen müssen, als die Indianer-Band loslegt.

18 Uhr: Die Keilerei

Sonntagabend. Der Spätsommerhimmel färbt sich von Marille zu Pfirsich. Im Sand liegen die Spuren eines Kindergeburtstags: vereinzelte Federn, auf manchen Spielgeräten kleine, mit Straßenmalkreide gemalte Pfeile von der Schatzsuche, ein paar Muffins-Papierchen im Sand. Feierabendstimmung, der Spielplatz leert sich langsam. Zuh Hause wartet die tintibunte Badewanne oder das Abendessen.

Der Businessdad und seine Frau, Kuegelchen23 und ihr Männe, der Kumpelpapa und seine Lady und noch ein paar handverlesene Familien genießen die Zeit, in der man auch mal länger als »Zehn Mal und dann ausschaukeln« auf die Schaukel darf. Die Rutschrinne glänzt einladend im Abendlicht, der Sand ist noch halbwegs warm von der Sonne. Das Wochenende ist beinahe geschafft. Morgen dürfen die Kinder wieder in die Kita gesteckt werden. Gleich fällt der Vorhang für die Sonntagsaufführung der glücklichen Familie.

»Du, wir müssen dringend noch die nächste Woche besprechen. Geht es, dass du Jonas Dienstag und Donnerstag von der Kita abholst?«

Der Kumpelpapa schaut angespannt wie ein Cowboy,

der seit Wochen ohne Wasser durch die Prärie reitet. Er zieht zischend Luft durch die Zähne:

»Ganz schlecht, Süße. Geht auch Mittwoch und …«

Der Kumpelpapa wird durch das alarmierende Geheul von Jonas unterbrochen. Der Kleine ist außer sich vor Wut und hält sich den Kopf. Er hat seine große Piratenschaufel liegengelassen. Es scheint etwas Ernstes zu sein. Der Kumpelpapa und seine Lady stürzen zu ihrem Sohn.

»WUUUÄÄÄÄÄH. WUÄÄÄÄÄÄH. DER HUÄÄÄHH. Und dann WÄHÄÄÄÄÄÄÄÄÄÄH.« Zwischen einzelnen Wortfetzen heult Jonas auf wie ein Rasenmäher auf LSD.

»Süßer, jetzt beruhig dich erst mal. Was ist denn los?«

»Jay Jay, Digga, hey, komm erst mal runter. Auch Stuntmen holen sich mal eine Beule.«

Beide Elternteile streicheln auf Jonas ein.

»Wo ist denn deine Piratenschaufel?« Vielleicht hilft ja der Gedanke an sein Lieblingsspielzeug.

»WARÄÄÄÄÄÄÄÄÄÄÄÄÄÄÄÄÄÄÄÄÄÄÄÄÄÄHHH!!!!« Jonas schreit jetzt so laut, dass ihn seine Mutter erinnern muss, zwischendurch Luft zu holen.

»Okay, Digga. Zeig mir den Feind. Ich bin deine Faust des Rächers. HU-HA-HU-WUI-TSCHING«, schreit der Kumpelpapa und mimt Jackie Chan in *Rumble in the Bronx*.

Jonas ist untröstlich. Seine Mutter auch: »Ich wollte ja schon seit einer Stunde nach Hause. Lass uns die Piratenschippe morgen holen. Vielleicht beruhigt er sich, wenn wir ihn im Buggy nach Hause schieben.«

»Bist du verrückt? Ein Krieger geht doch nicht ohne sein Schwert. Du tröstest, ich suche.« Der Kumpelpapa spurtet los.

Kuegelchen23 sitzt auf der Bank und stillt. Ihr Männe steht mit einem großen Kastanienblatt vor Shyla auf der Schaukel.

»Shyla, magst du das Kastanienblatt mit deinen Füßen fangen?«

»Jaaa, das ist toll.« Shyla braucht einige Anläufe, schnappt dann das Blatt mit beiden Füßen und schaukelt hin und her.

»Und jetzt lass es beim nächsten Mal nach vorne schaukeln wieder los.« Das Kastanienblatt segelt durch die Luft, und der Vater fängt es tänzelnd auf.

Plötzlich nähert sich von hinten ein Junge mit einer großen Piratenschaufel und schiebt Shyla damit von der Schaukel wie einen lästigen Käfer. Ihr Vater kann sie gerade noch auffangen.

»Ausgeschaukelt, du Kackamädchen!«, ruft der Junge in dem grünen T-Shirt und klettert auf die Schaukel.

»Du, das finde ich jetzt aber nicht okay von dir.« Shylas Papa ist Spielplatz-Pazifist, und Probleme diskutiert er gerne aus.

Der Junge mit dem grünen T-Shirt schultert die Piratenschaufel nun wie ein Gewehr und zielt auf Shylas Papa. »Rattatatat, nimm das!«

Dann lädt er nach und nimmt die weinende Shyla ins Visier. »Dein Schreien nervt. Sei still! Ratatatatat! Haut ab, ihr Pupsbohnen!«

So viel Terror-Miliz in einem Jungen hat Shylas Vater noch nie gesehen. Er beschließt, das weitere Vorgehen mit seiner Frau zu besprechen. Die kennt solche Fälle bestimmt schon aus dem Internet-Forum.

Noch fünfzehn Minuten und ich bin raus aus der Wochenende-Familien-Nummer. So kurz vor der Ziellinie ist der Businessdad schlagartig dermaßen gut gelaunt, dass er Theo freiwillig ein Spiel vorschlägt. Fünfzehn Minuten, dann einpacken, nach Hause trödeln, essen – und das Wochenende ist geschafft.

»Theo, komm, wir üben noch ein bisschen Weitsprung.«

»Will nicht Weitsprung.«

»Komm, Theo, dann eben Weithüpfen. Du bist ein großes Känguru.«

Die Frau vom Businessdad schaut misstrauisch hinter ihrer Zeitung hoch. So einen phantasievollen Satz hat sie seit Theos Geburt nicht von ihrem Mann gehört. Beinahe ist sie gerührt. Aber wahrscheinlich will er morgen nur länger im Büro bleiben und gibt sich deshalb auf den letzten Metern etwas Mühe.

Der Businessdad legt sein iPhone auf den Boden und zieht eine Absprunglinie in den Sand.

»Okay, Theo, wichtig ist der Absprung nach vorn-oben – und dann auf dem Schwungbein landen. Verstanden?«

Theo starrt durch den Businessdad hindurch.

»Okay, Theo. Du bist ein Känguru. Hüpf. Hüpf. Hüpf.«

Theo steht unsicher an der Absprunglinie und rudert mit den Armen wie ein Pinguin mit seinen Flossen.

Plötzlich stürmt ein Kind von hinten heran und springt auf Theo. »Stirb, du Schwein!«, kreischt der Junge im grünen T-Shirt und reißt Theo in den Sand.

Theo fängt an zu heulen wie ein Windhund. Der Businessdad ist überrascht und gelähmt zugleich. Noch bevor er Theo tröstet, macht er mit dem Handy erst mal ein Beweisfoto für die Haftpflichtversicherung. Als er abdrückt, springt noch ein Kämpfer in den Testosteronhaufen. Es ist ein Vater in viel zu bunten Klamotten, der sich wie ein wildgewordener Terrier an die Schaufel klammert.

»Gib die zurück, Bürschchen. Die gehört Jay Jay.«

Der Junge verteidigt die Piratenschaufel wie eine Löwenmutter ihre Jungen. Schließlich beißt der Junge so fest in die Schulter des Kumpelpapas wie Luis Suàrez in gegnerische Spieler. Theo kommt in dem Gerangel frei und flüchtet sich in die Arme des Businessdads.

Ein Vater, der mit einem Jungen um eine Schaufel rauft – so viel Anarchie hat der bürgerliche Spielplatz noch nie gesehen. Eine hilflose Elterntraube hat sich um die beiden gebildet.

»Totale Reizüberflutung. Oder muss der seine Grenzen austesten?«, sorgt sich Kuegelchen23, während sie mechanisch Cosma im Tragetuch streichelt.

»Beißen gehört zum menschlichen Verhaltensrepertoire wie Treten und Schlagen. Dabei handelt es sich um eine Emotionsregulationsstrategie, die wir anwenden, wenn wir sehr starken Ärger empfinden«, schlaumeiert der Experte.

»Ich bin nicht bereit, solche Verhaltensmuster zu dulden. Wer haftet für dieses Kind?«, schimpft der Businessdad.

Der Kumpelpapa hält mit der einen Hand seine Schulter und mit der anderen die Schaufel fest. »Rote Karte, mein Freund. Du lässt jetzt die Schaufel los, oder ich mache dir hier gleich den Mike Tyson, der dir das Ohr abbeißt!«

Die Elterntraube verstummt. Die Rivalen halten an ihrer Beute fest, eine große und eine kleine Hand, festgeklebt wie mit Sekundenkleber am fair gefertigten Holzgriff aus Paraguay. Schließlich macht es krach, und das Schaufelblatt bricht vom Stiel.

Der Junge mit dem grünen T-Shirt rappelt sich auf und rennt mit dem Stiel weg. Als er außer Reichweite ist, dreht er sich noch mal um und zeigt dem Publikum einen Stinkefinger.

Der Kumpelpapa bleibt im Sand sitzen und schaut bedröppelt. Jetzt fällt nicht mal ihm mehr etwas ein, das er Jonas sagen könnte. Der Businessdad, die Forenmutti und die anderen Umstehenden drehen ab. Genug für heute. Zeit, nach Hause zu gehen.

Schließlich sitzen nur noch vier Teenager auf der Bank neben der Tischtennisplatte. Sie sind heute die Letzten auf dem Spielplatz. Als die Eltern außer Reichweite sind, holen sie Bierflaschen aus dem Rucksack und zünden sich Zigaretten an. Bis sie dereinst mit ihren Kindern hierher kommen und ihre Rolle im großen Improvisationstheater zwischen Schaukel und Rutsche spielen, werden noch viele Wochen und Monate vergehen.

Die Teenager kichern übermütig. In den Büschen raschelt es derweil. Mäuse suchen nach den letzten Dinkelkekskrümeln, die der lange Spielplatzsonntag hinterlassen hat.

Danksagung

Natürlich sind uns, den Autoren dieses Buches, all die Verhaltensauffälligkeiten, um die es auf den vorangegangenen Seiten ging, nur allzu vertraut. Einige haben wir bereits selbst an uns entdeckt, andere haben bestimmt andere Spielplatzbesucher an uns entdeckt. Denn auch dafür ist der Spielplatz gut. Ein Nachmittag dort erinnert ein wenig an einen Besuch des Orakels von Delphi. Über dem Eingang des dortigen Tempels steht ja bekanntlich: »Erkenne dich selbst.«

Weil dieses Buch zum Gutteil auf Spielplätzen in Berlin, München und Hamburg entstanden ist, möchten wir uns bei allen anderen Eltern bedanken, die uns bei diesem Buch auf die eine oder andere Weise zur Seite standen, besonders bei Kora, Birgit, Heiko, Sarmina, Silke, Flori, Isa, Flo, Johanna und Ben. Geholfen und unterstützt haben uns unsere Babysitter Antonia Röller und Frederike Schanz sowie Renata Steffens, Franziska Raether (mit ihrer Superrecherche), Sven von Thülen, Gerald Mink, Carsten Maser, Peter Waibel, Hans Riegel und Maik Beiradieck. Außerdem Ulf Lippitz und Esther Koggelboom vom *Tagesspiegel* sowie Bettina Homann und Clemens Niedenthal von Raufeld Medien.

Dieses Buch gäbe es nicht ohne unseren Agenten Marco Jakob von Landwehr&Cie und ohne Christoph Steskal vom Ullstein Verlag, der sich diesem Thema mit viel Lust an den komischen Details angenommen hat.

Schließlich möchten wir auch unseren eigenen Eltern danken. Die waren übrigens – anders als wir – fast nie auf Spielplätzen.

Quellen

Zitat von Johanna Harrer S. 58 zit. n. *Die Zeit*, Nr. 29, 2005.

Zitat von John Watson S. 58 zit. nach Miriam Gebhardt, *Die Angst vor dem kindlichen Tyrannen. Eine Geschichte der Erziehung im 20. Jahrhundert.* DVA, München 2009, S. 82

Zitat von Miriam Gebhardt S. 73 in Gebhardt, *Angst*, S. 7

Zitat S. 89 aus *Brigitte Mom*, 2/2013

Wollen Sie mehr von den Ullstein Buchverlagen lesen?

Erhalten Sie jetzt regelmäßig
den Ullstein-Newsletter
mit spannenden Leseempfehlungen,
aktuellen Infos zu Autoren und
exklusiven Gewinnspielen.

www.ullstein-buchverlage.de/newsletter